Perdre, Souffrir, Sacrifier et Mourir

DAG HEWARD-MILLS

Parchment House

Sauf indication contraire, toutes les citations bibliques sont tirées de la version Louis Segond de la Bible

Copyright © 2011 Dag Heward-Mills

Titre original : Losing, Suffering, Sacrificing and Dying
Publié pour la première fois en 2011 par Parchment House

Version française publiée pour la première fois en 2011
par Parchment House.

Traduit par : Professional Translations, Inc.

Quatrième impression en 2015

Pour en savoir plus sur Dag Heward-Mills
Campagne Jésus qui guérit
Écrivez à : evangelist@daghewardmills.org
Site web : www.daghewardmills.org
Facebook : Dag Heward-Mills
Twitter : @EvangelistDag

ISBN : 978-9988-8502-0-3

Tous droits de traduction, de reproduction et d'adaptation réservés pour tous pays. À l'exception des analyses et citations courtes, toute exploitation ou reproduction même partielle de cet ouvrage est interdite sans l'autorisation écrite de l'auteur.

Table des matières

1. Les quatre rendez-vous spirituels 1
2. Comment endurer la perte pour Christ 8
3. L'art de perdre 13
4. Les deux façons de perdre 18
5. Pourquoi Dieu veut que vous éprouviez de la souffrance 22
6. Ce que vous accomplirez par les souffrances de Christ 46
7. Comment le sacrifice libère de la puissance 77
8. Les ennemis du sacrifice 84
9. Un substitut au sacrifice 91
10. Le sacrifice est la clé de la fécondité 101
11. Le sacrifice vous amène à l'onction 111
12. Le sacrifice élimine Pharaon 117
13. Le sacrifice vous donne une place dans le ministère 124
14. Le sacrifice apporte la gloire dans votre ministère 129
15. La croix - le symbole de la mort 133
16. Pourquoi vous devez prêcher la croix 139
17. Pourquoi vous devez porter votre croix 144

Chapitre 1

Les quatre rendez-vous spirituels

Si quelqu'un vient à moi, et ne hait pas son père, sa mère, sa femme, ses enfants, ses frères, ses sœurs, et même sa propre vie, il ne peut être mon disciple.

Luc 14 : 26

Suivre Jésus n'est pas facile. Vivre pour Jésus n'est pas facile. Ne croyez pas quiconque vous présente une fausse version du christianisme. Le christianisme, c'est suivre Jésus Christ et devenir semblable au Christ !

Étant donné ce que Jésus a dit concernant la façon de devenir Son disciple, il semblerait presque qu'il voulait que personne ne Le suive. Il a averti plusieurs personnes qui ont tenté de le suivre des dangers de venir à Lui.

Jésus nous avertit

Il a dit : « si vous venez à moi, vous devez haïr vos parents, votre famille et vous-même » (Luc 14 : 26).

Il a dit à un homme riche qui voulait le suivre : « Vous devez vendre tout ce que vous avez si vous voulez me suivre » (Matthieu 19 : 21).

Il a également dit : « si vous me suivez, vous n'aurez pas où rester parce que je n'ai même pas la maison que les renards et les oiseaux ont » (Luc 9 : 58).

Il a dit : « Vous ne pouvez pas dire au revoir à votre famille si vous voulez vraiment me suivre » (Luc 9 : 61).

Il a dit à quelqu'un dont un parent était mort : « Vous ne pouvez pas participer à l'enterrement de votre père si vous voulez vraiment être mon disciple » (Luc 9 : 59).

Jésus ne baisse la barre pour personne

De toute évidence, Jésus n'avait l'intention de rendre les choses faciles pour personne. Il n'a baissé la barre pour personne. Il n'a donné de traitement de faveur à personne. Il savait qu'Il nous conviait au plus grand privilège jamais donné à l'humanité. Le privilège d'être sauvé par le sang de Jésus, le privilège de connaître Dieu et le privilège d'aller au ciel !

Ces mises en garde par Jésus-Christ n'ont pas dissuadé les millions de personnes qui ne font que répondre à Son amour formidable. Des millions de gens aiment Jésus-Christ malgré les conditions difficiles qu'Il a fixées pour Le suivre.

D'une certaine façon, connaître le Dieu vivant et Son Fils Jésus-Christ est plus qu'une contrepartie suffisante pour les difficultés que nous devons traverser.

N'écoutez pas quiconque prétend que suivre Jésus n'est que bénédiction, richesse et prospérité. Ce n'est pas le vrai christianisme. Le christianisme, c'est perdre, sacrifier, souffrir et mourir.

Les épreuves et les difficultés que peuvent rencontrer tous les chrétiens peuvent être classées en quatre catégories principales : perdre, sacrifier, souffrir et mourir.

Il s'agit de quatre rendez-vous spirituels auxquels tous les chrétiens doivent s'attendre sous une forme ou une autre. Celui qui suit vraiment Jésus-Christ ne pourra échapper à ces quatre rendez-vous.

N'écoutez pas ceux qui vous disent le contraire ! Ils vous passent tout simplement de la pommade. Sous une forme ou une autre, peut-être sous un nom différent, vous ferez l'expérience de la croix de Jésus-Christ si vous êtes vraiment Son disciple.

Nos quatre rendez-vous sont perdre, sacrifier, souffrir et mourir. Ces rendez-vous sont-ils scripturaires ? Oui, les écritures ci-après nous montrent comment nous sommes destinés à perdre, à souffrir, à se sacrifier et à mourir à cause de notre foi, notre vocation et notre destinée spirituelle.

Ce livre est destiné à montrer à quel point ces rendez-vous sont réels. Il n'est pas aussi dur que vous le pensez et il se révélera finalement être une bénédiction. Remarquez comment les écritures ci-après décrivent clairement ces rendez-vous pour nous tous.

1. Votre rendez-vous avec la perte et perdre.

> Car celui qui voudra sauver sa vie la PERDRA, et quiconque perdra sa vie à cause de moi, la retrouvera.
>
> Matthieu 16 : 25

> Mais ces choses qui étaient pour moi des gains, je les ai regardées comme une perte à cause de Christ. Et même je regarde toutes choses comme une perte, à cause de l'excellence de la connaissance de Jésus-Christ mon Seigneur, pour qui j'ai renoncé à tout et je les regarde comme de la boue, afin de gagner Christ.
>
> Philippiens 3 : 7-8

À cause du Christ, vous aurez rendez-vous avec « la perte et perdre ». Cela signifie beaucoup si vous prenez le temps d'y penser.

a. La perte signifie que certaines choses viendront à vous manquer. Il pourrait y avoir peu ou aucune chance de récupérer ce que vous perdrez.

b. La perte signifie que vous allez être privé de certaines choses.

c. La perte signifie que vous serez incapable de garder ou d'entretenir certaines choses dans votre vie.

d. La perte signifie que vous devrez abandonner et renoncer à la possession de certaines choses.

2. Votre rendez-vous avec la souffrance.

À cause du Christ, vous aurez rendez-vous avec « la souffrance ». Cela signifie beaucoup si vous vous souciez de savoir ce que signifie réellement la souffrance. N'écoutez pas ceux qui n'incluent pas le concept de souffrance dans leur chemin de foi.

Tous les grands hommes de foi ont souffert parce qu'ils croyaient en Dieu.

a. La souffrance signifie que vous serez sujet à la douleur, la détresse, la perte, la blessure ou autre chose de désagréable.

b. La souffrance signifie que vous allez connaitre l'adversité, l'affliction, le malheur et la misère dans votre vie.

c. La souffrance signifie que vous allez connaitre la faillite, la gêne et la difficulté.

d. La souffrance signifie que vous serez tourmenté, vous serez torturé et vous allez connaitre l'adversité.

Car il vous a été fait la grâce, par rapport à Christ, non seulement de croire en Lui, mais encore de souffrir pour Lui ; en soutenant le même combat que vous avez vu soutenir, et que vous apprenez maintenant que je soutiens.

Philippiens 1 : 29-30

Nous avons envoyé Timothée, notre frère et ministre de Dieu dans l'Évangile du Christ, pour vous renforcer et à vous encourager dans votre foi, afin que nul ne soit ébranlé par ces afflictions présentes, car vous savez vous-mêmes que NOUS SOMMES DESTINÉS A CELA.

Et lorsque nous étions auprès de vous, NOUS VOUS *ANNONCIONS* D'AVANCE ET CONTINUELLEMENT, QUE NOUS SERIONS EXPOSÉS A DES TRIBULATIONS, comme cela est arrivé et comme vous le savez.

Ainsi, dans mon impatience, j'ai envoyé quelqu'un pour m'informer de votre foi, de peur que le tentateur vous ait tentés, et que nous n'ayons travaillé en vain.

1 Thessaloniciens 3 : 2-5

Fortifiant l'esprit des disciples, les exhortant à persévérer dans la foi, et disons que c'est PAR BEAUCOUP DE TRIBULATIONS QU'IL NOUS FAUT ENTRER DANS LE ROYAUME DE DIEU.

Actes 14 : 22

3. Votre rendez-vous avec le sacrifice.

À cause du Christ, vous aurez rendez-vous avec le « sacrifice ». Cela signifie beaucoup si vous vous souciez de savoir ce que signifie réellement le sacrifice. S'il vous plaît, n'écoutez pas les chrétiens qui ne prêchent pas sur le sacrifice que nous devons faire en tant que chrétiens. Se sacrifier fait partie de la religion à laquelle nous appartenons.

a. Sacrifier signifie offrir vos possessions matérielles à Dieu pour le glorifier.

b. Sacrifier signifie renoncer à quelque chose de précieux ou de convoité au nom de quelque chose de plus grand.

c. Sacrifier signifie accepter d'être blessé ou désavantagé au nom de quelque chose d'autre.

d. Sacrifier signifie renoncer à vos biens, même si vous n'en tirez aucun profit.

Je vous exhorte donc, frères, par les compassions de Dieu, à offrir vos corps comme un sacrifice vivant, saint, agréable à Dieu, *ce qui sera* de votre part un service raisonnable.

Romains 12 : 1

Par lui, nous offrons sans cesse le sacrifice de louange à Dieu sans cesse, qui est le fruit de lèvres qui confessent son nom.

Hébreux 13 : 15

4. Votre rendez-vous avec la mort.

À cause du Christ, vous aurez rendez-vous avec la « mort ». Dire que quelqu'un va mourir signifie beaucoup. C'est pourquoi Jésus nous a dit de porter notre croix et de Le suivre.

a. Mourir signifie cesser d'exister et de fonctionner.

b. Mourir signifie perdre de la force et de la puissance.

c. Mourir signifie disparaître à petit feu.

d. Mourir signifie définitivement cesser.

> Et il dit à tous : Si *quelqu'un* veut venir après moi, qu'il renonce à lui-même, et qu'il prenne sa CROIX chaque jour, et qu'il me suive.
>
> Luc 9 : 23

> J'AI ETE CRUCIFIE AVEC CHRIST ; et si je vis, ce n'est plus moi qui vis, c'est Christ qui vit en moi : et la vie que je vis maintenant dans la chair, je vis par la foi au Fils de Dieu, qui m'a aimé et s'est livré lui-même pour moi.
>
> Galates 2 : 20

> Je l'atteste frères par la gloire dont vous êtes pour moi le sujet, en notre Seigneur Jésus Christ, JE MEURS CHAQUE JOUR.
>
> 1 Corinthiens 15 : 31

Section 1
PERDRE

Chapitre 2

Comment endurer la perte pour Christ

Et même je regarde toutes choses comme une PERTE, à cause de l'excellence de la connaissance de Jésus-Christ mon Seigneur, pour qui j'ai renoncé à tout et je les regarde comme de la boue, afin de gagner Christ.

Philippiens 3 : 8

Vous devez accepter de tout perdre pour Jésus-Christ comme Paul l'a fait. Paul a souffert en perdant beaucoup de choses. Si vous ne perdez pas, vous ne gagnerez pas. Les douze disciples de Jésus ont tout perdu parce qu'ils ont suivi Jésus. Ils ont tout quitté ! Ils ont perdu leur travail, leur famille et leurs amis pour suivre Jésus. Ce fut une grande perte personnelle pour eux. Vous ne pouvez pas suivre Jésus à moins d'être prêt à perdre quelque chose.

Pierre se mit à lui dire : Voici, nous avons tout quitté, et nous t'avons suivi.

Marc 10 : 28

Votre ministère est limité par ce que vous gardez. Si vous portez certaines choses pendant que vous courez, vous ne courrez pas assez vite. Dieu attend de nous que nous laissions des choses derrière nous et que nous le suivions. Il est possible que nous devions dire adieu à notre sommeil, nos amis, nos téléviseurs, nos carrières et nos emplois pour suivre Jésus.

Vous devez perdre de l'argent

Entrer dans le ministère implique de perdre de l'argent. Vous allez y perdre financièrement en entrant dans le ministère. Beaucoup de pasteurs ne se rendent pas compte qu'eux aussi devront donner leur argent au ministère. Chaque ministre doit investir personnellement dans le ministère. Bien sûr, vous ne pouvez pas faire ça si votre argent et l'argent de l'église ne sont pas bien distincts.

Il est important que vos biens personnels soient distincts des biens de l'Église. Si cette distinction n'est pas claire, vous perdez la bénédiction de donner. Vous n'avez rien à donner, parce que tout ce que vous avez est propriété de l'église. Et comment pouvez-vous donner à l'église ce qui lui appartient ?

Vous devez perdre votre confort et votre bien-être

Si vous ne sacrifiez pas votre temps libre pour être avec le Seigneur, il n'y aura pas de vrais fruits. De nombreux ministres ont du temps pour tout sauf pour le Seigneur. Il y a du temps pour la télévision, des interactions sociales inutiles, l'ordinateur, le travail et le sport, mais il n'y a pas de temps pour la communion personnelle avec le Seigneur. *Votre ministère est le reflet de votre temps personnel avec le Seigneur.*

Il y a beaucoup de choses dans le ministère qui peuvent vous priver de votre confort. Si vous n'êtes pas prêts à sacrifier les petites choses de la vie, vous n'arriverez jamais à grande chose dans votre ministère. Exiger un certain confort sur cette terre peut facilement être la raison qui vous empêche d'aller de l'avant dans le ministère. « *Affectionnez-vous aux choses d'en haut, et non à celles qui sont sur la terre.* » (Colossiens 3 : 2). Si votre cœur se prend d'affection pour les choses d'en haut, vous ne serez pas si pointilleux sur celles qui sont sur cette terre.

Une nuit, je me trouvais devant l'océan Pacifique dans un pays étranger. En face de moi se trouvaient de gros yachts coûteux appartenant à des millionnaires. Je me tournais vers les chrétiens qui se promenaient avec moi et leur dis : « Je voudrais avoir mon yacht au ciel. » L'un d'eux se mit à rire et me dit : « Oh non, je veux avoir le mien ici. » Cette petite conversation reflète deux écoles de pensée dans la chrétienté aujourd'hui.

La plupart des chrétiens veulent avoir leur confort ici, tandis que quelques-uns veulent connaître le confort au Ciel.

Je ne conduis pas la voiture que je voudrais vraiment conduire. En fait, je n'ai jamais conduit la voiture que je voudrais vraiment conduire. Je sais lesquelles sont les plus belles et les meilleures voitures, mais je fais ce que je fais au nom du ministère.

Pour moi, je n'ai usé d'aucun de ces droits : et ce n'est pas afin de les réclamer en ma faveur que j'écris ; car j'aimerais mieux mourir que me laisser enlever ce sujet de gloire.

1 Corinthiens 9 : 15

Je ne vis pas dans la plus belle maison, ni dans le plus beau quartier de la ville. Je sais où se trouvent ces « beaux quartiers » et « belles maisons ». Je sais qu'il existe de meilleurs endroits que celui où je vis. Je suis également conscient que mon église peut se permettre de m'offrir ces choses.

Mais je suis satisfait de ce que le Seigneur m'a donné. En fait, je pense que je suis particulièrement béni. Je n'ai pas l'intention de m'efforcer d'impressionner les gens avec ce que j'ai et où je vis. J'espère avoir la meilleure demeure au ciel.

Vous devez perdre votre famille

Votre famille fera de nombreux sacrifices à cause du ministère. Vous devrez sacrifier le temps passé avec votre famille et le plaisir d'être avec elle afin d'accomplir le travail de Dieu. Dans Luc 14, le jeune homme a refusé d'assister au souper parce qu'il « venait de se marier ».

Un autre dit : Je viens de me marier, et c'est pourquoi je ne puis aller.

Luc 14 : 20

Beaucoup de gens n'accomplissent pas la volonté de Dieu parce qu'ils essayent de faire plaisir à leur épouse. La Bible nous enseigne à aimer notre femme. Mais la Bible nous enseigne à aimer Dieu en priorité.

> **Si quelqu'un vient à moi, et ne hait pas son père, sa mère, sa femme, ses enfants, ses frères, et ses sœurs, et même sa propre vie, il ne peut être mon disciple.**
>
> **Luc 14 : 26**

Jésus parle de haïr votre mère, votre père, votre femme, vos enfants, vos frères, vos sœurs et même votre propre vie pour devenir un disciple. Si c'est ce que vous devez faire pour pouvoir devenir un *disciple*, imaginez ce que vous devez faire de plus pour devenir un *leader chrétien* ?

Vous devez perdre votre sécurité

Jésus a sacrifié la sécurité que lui offrait le ciel pour vivre parmi des personnes perverties, dépravées et méchantes. Nous devons suivre Son exemple, si nous devons porter des fruits.

Marcher au côté du Seigneur vous mènera vers de nombreux dangers et pièges. Chaque voyage que vous entreprendrez vous mettra en danger. Si votre instinct de conservation est plus fort que votre obéissance à Dieu, il y a peu de chances que vous sacrifiez votre sécurité.

Être dans le ministère à temps plein signifie que vous devez sacrifier votre sécurité. Il est beaucoup plus sûr de travailler pour la banque Barclays que de travailler pour une église pentecôtiste dirigée par un pasteur de vingt-huit ans.

Je fus une fois invité en Colombie pour y prêcher. Je ne savais pas si je devais y aller ou pas. J'appelai alors un pasteur en Amérique pour lui demander s'il savait si la Colombie était un endroit sûr. Il me dit qu'il se renseignerait et me rappellerait.

Il m'appela quelques jours plus tard et me dit : « Mon frère, c'est un endroit très dangereux. Je ne pense pas que vous devriez vous y aventurer. »

Il poursuivit : « J'ai parlé à une religieuse catholique qui m'a dit de vous conseiller de ne pas venir en Colombie. Elle m'a parlé d'un évêque catholique qui avait été abattu de sang-froid alors qu'il servait la messe. »

« C'est vrai ? », m'écriais-je.

« Oui », répondit-il. « C'est très dangereux. »

Ensuite, j'eus quelques informations supplémentaires. On me raconta qu'on avait tiré sur un autre pasteur alors qu'il montait dans sa voiture après l'église. Il est devenu clair pour moi que les pasteurs avaient été pris pour cible en Colombie. Je me rappelais aussi un pasteur de renom qui avait failli mourir lors d'une fusillade en voiture à Bogota.

Bien sûr, je décidai de ne pas mettre les pieds en Colombie.

Cependant, un jour où j'étais dans un avion à destination d'un autre pays d'Amérique du Sud, je fis un rêve dans lequel le Seigneur me parlait. Il me réprimandait fortement et me disait qu'il avait honte de moi parce que je tentais de me préserver. Il me rappela que s'Il m'enlevait Sa protection pendant ne serait-ce que cinq minutes, je périrais instantanément. Lorsque je me réveillai, je pris peur et décidai de me rendre en Colombie. Je n'avais pas besoin d'autres arguments pour me rendre en Colombie.

Cher ami, je ne peux pas vous décrire combien la puissance de Dieu était présente lors de ces assemblées en Colombie. J'y vis les plus grands miracles de ma vie, y compris la résurrection des morts.

Si vous n'êtes pas prêt à renoncer à votre sécurité, vous n'obtiendrez jamais la protection de Dieu.

J'ai invité un homme de Dieu qui vivait dans un des pays les plus riches au monde à prêcher au Ghana, en Afrique de l'Ouest. Sa première question fut : « Est-ce sûr ? » « Je ne serai en mesure de venir que si c'est un endroit sûr et s'il existe des garanties pour ma santé et ma sécurité ».

Ouah, pensai-je. « Comme il est difficile de travailler avec quelqu'un qui s'aime autant et qui tient plus que tout à sa vie sur cette terre ? » Mais c'est une attitude typique des chrétiens qui ont été habitués au confort de la version moderne et orientée vers la sécurité du christianisme ! Ce n'était pas la version du christianisme de Jésus.

Chapitre 3

L'art de perdre

**[…] celui qui perdra sa vie à cause de moi la trouvera.
Matthieu 16 : 25**

Quiconque porte sa croix perdra quelque chose. La phrase, « si quelqu'un » désigne ceux qui doivent porter la croix. L'abnégation est l'une des vérités fondamentales de l'Évangile. Je ne connais pas de déclaration plus forte de notre Seigneur. Dans cette Écriture, Il définit ceux qui ne peuvent devenir Ses disciples. Cet acte de porter sa croix établit clairement la distinction entre ceux qui le peuvent et ceux qui ne le peuvent pas.

Ceux qui ne peuvent donc pas être chrétiens sont ceux qui ne sont pas prêts à faire preuve d'abnégation et à perdre quelque chose. Où porte-t-on habituellement sa croix ? Est-elle amenée dans les centres commerciaux, restaurants, fêtes, mariages ? Bien sûr que non ! Les croix sont portées sur le lieu de l'exécution et de la souffrance. Cette Écriture n'a qu'une seule signification : Elle signifie que nous devons suivre l'exemple de Jésus-Christ et Lui offrir notre vie en signe d'obéissance. Êtes-vous obéissant envers le Seigneur ?

J'ai rencontré le Seigneur à l'âge de quinze ans. J'ai toujours porté ma croix, fait preuve d'abnégation et suivi le Seigneur. Sans cela, mon christianisme n'aurait toujours été que l'ombre du vrai christianisme. Cher ami, le christianisme d'hier et d'aujourd'hui n'est pas facile.

Perdre la musique

Pendant mes premières années en tant que chrétien, j'ai appris à dire « non » à des choses auxquelles les autres disaient « oui ». Une des premières choses auxquelles j'ai dû renoncer fut **la musique non-chrétienne**. Auparavant, j'adorais la musique de

Lionel Ritchie, de Michael Jackson, des Bee Gees et d'ABBA. Le verset fondamental qui m'a guidé à l'époque était 1 Corinthiens 10 : 23 : « Tout est permis mais tout n'est pas utile. »

> **Tout est permis, mais tout n'est pas utile ; tout est permis mais tout n'édifie pas.**
>
> **1 Corinthiens 10 : 23**

J'adorais vraiment la musique et je l'adore encore, mais je ne pouvais tout simplement pas continuer à marcher avec le Christ et écouter ce genre de musique. Bien qu'agréable à l'oreille, elle ne présente aucune utilité spirituelle. Il existe beaucoup de chrétiens qui ne s'en sortent pas bien parce qu'ils ne sont pas prêts à perdre certaines choses de ce monde.

Perdre les lieux que vous fréquentez régulièrement

Il y avait des endroits où j'avais l'habitude d'aller que j'ai dû arrêter de fréquenter afin de continuer de cheminer avec le Seigneur. Cher ami, vous ne pouvez pas continuer ces lieux du passé. Si vous ne faites pas preuve d'abnégation, vous ne pouvez pas être un chrétien. J'avais l'habitude d'aller parier à l'hippodrome chaque samedi. J'étais un amateur de chevaux et un habitué de l'hippodrome. Quand j'ai été sauvé, j'ai dû renoncer au plaisir (et à la bêtise) des jeux de hasard.

Perdre vos amis

Si vous n'êtes pas prêt à perdre certains de vos anciens amis, vous ne pourrez jamais gagner les amis et la famille que Dieu vous destine. Alors même que j'écris ce livre, je me rends compte combien il est essentiel pour les chrétiens de perdre certains amis afin d'avoir accès à un tout nouveau monde d'amis.

En effet, si vous ne renoncez pas à votre ancien groupe d'amis, vous risquez de perdre votre salut. J'avais un groupe d'amis avant d'être sauvé. Quand j'ai été sauvé, j'ai réalisé que ces amis incroyants ne seraient pas utiles à ma vie chrétienne. Je les ai tous perdus un par un jusqu'à ce que le vieux stock soit épuisé. J'ai perdu pratiquement tous les amis que j'avais auparavant.

Perdre votre emploi

Vous devez parfois renoncer à certains emplois afin de servir le Seigneur. Je me souviens d'un frère que j'ai dirigé vers le Seigneur. Je l'ai vu dire la prière du pécheur. Quelques jours plus tard, j'ai prié pour lui afin qu'il reçoive le baptême du Saint-Esprit. Je lui ai personnellement imposé les mains, je l'ai regardé recevoir le baptême du Saint-Esprit et je l'ai vu parler en langues. Je l'ai aussi conseillé au sujet de son mode de vie.

Je lui ai dit, « Vous devez changer votre style de vie. Vous devez dire « non » aux choses, personnes et lieux du passé. » Un jour, j'ai remarqué que ce frère avait cessé de venir à l'église régulièrement. Je lui ai demandé : « Qu'est-ce qui se passe ? »

Il m'a dit, « J'ai un nouvel emploi dans un hôtel » et a poursuivi, « Nous travaillons la nuit et le week-end. »

Je l'ai alors sondé un peu plus, « Que fais-tu exactement dans cet hôtel ? »

Il a marmonné quelque réponse peu convaincante, et je me suis tout de suite rendu compte qu'il ne s'agissait pas d'un travail décent. Nuit après nuit, il travaillait parmi des hommes et des femmes du péché qui fumaient, buvaient et dansaient de manière indécente directement vers l'Enfer.

Ce n'était pas une atmosphère convenable pour un bon chrétien. Ce n'était qu'une question de temps avant que mon ami n'ait complètement rétrogradé. Quand je le rencontrai de nouveau, il avait sombré dans le monde et dans la drogue. Si vous n'êtes pas prêt à perdre certains emplois, vous n'obtiendrez jamais les trésors du Christ.

Perdre votre entreprise

Les chrétiens d'aujourd'hui ne sont pas prêts à perdre quoi que ce soit. Certaines personnes ne renonceraient pour rien au monde à leur petit ami incroyant. Elles disent : « Vous pouvez prendre ma maison, vous pouvez prendre mon travail, vous pouvez prendre ma voiture, mais je ne suis pas prêt à perdre mon homme ! » Voyez-vous, si vous ne faites pas preuve d'abnégation, vous ne pouvez pas être un disciple du Christ.

Je me rappelle un membre de l'église né de nouveau, ayant le don de parler en langues, qui a hérité une discothèque florissante de son père. Je me demandais : « Que peut bien faire un chrétien faire d'une telle boite de nuit ? » Mais au lieu de fermer la boîte de nuit et de se débarrasser de cette maison du péché, il a en fait agrandi l'entreprise.

Parce qu'il n'était pas prêt à perdre quoi que ce soit, il a continué à faire tourner la boîte de nuit. Jusqu'à quel point sommes-nous prêts à nous abaisser pour éviter de perdre quoi que ce soit au nom du Christ ?

Un jour, un membre de l'église a loué un local pour y lancer son restaurant. Le bail qu'il a signé incluait un espace de danse dans le bâtiment. Je lui ai demandé : « Qu'est ce que tu vas faire de cette salle de danse ? » Il a répondu : « Oh, nous allons simplement jouer de la musique le soir. » Cette « musique le soir » a dégénéré en une ambiance de boîte de nuit avec des filles court-vêtues qui y chantaient et dansaient tous les soirs.

Je me suis dit, « Combien de temps ce frère chrétien pourra-til rester dans la foi ? » Pas pour longtemps ! En effet, la dernière fois que j'ai entendu parler de lui, il ne fréquentait plus l'église et était profondément impliqué dans le monde. Il était tombé dans toutes sortes de sombres péchés. J'ai aussi entendu dire qu'il était suivi pour des désordres mentaux.

Parfois vous devrez perdre votre entreprise afin de pouvoir suivre le Christ. Tous les emplois ne viennent pas du Seigneur. La bénédiction du Seigneur enrichit et ne fait suivre aucun chagrin.

Perdre ses films

Les films que j'avais l'habitude de regarder, je ne pouvais plus les regarder. Ce n'était pas facile pour moi parce que j'adorais vraiment regarder des films. Tout ce que nous regardons ne plaît pas au Seigneur. Je me rendais souvent au cinéma et je passais un bon moment à regarder toutes sortes de films.

Un jour, dans un film chinois que j'étais allé voir au cinéma Orion au Ghana, le héros du film avait soudainement eu de la fièvre. Comme il grelottait sous sa couverture, il avait été décidé que la seule chose qui pourrait le guérir de sa fièvre serait de le garder au chaud avec un groupe de filles nues.

Ce film a soudainement changé de registre. Cela a été un tournant pour moi. J'ai su alors que je devais renoncer à ce passe-temps et ne plus regarder de films ! Cela peut vous paraître dérisoire, mais c'est pourtant l'échec de renoncer à ce genre de choses qui nous empêchent de marcher avec Dieu.

Depuis que je marche avec le Seigneur, j'ai eu à perdre beaucoup de choses. Perdre, c'est ça le christianisme.

J'ai aussi appris à me refuser de la nourriture afin de jeuner.

Peu à peu, pas à pas, vous portez votre croix, vous faites preuve d'abnégation et vous perdez votre vie afin de pouvoir suivre Jésus.

Chapitre 4

Les deux façons de perdre

Le Père m'aime, parce que je donne ma vie, afin de la reprendre. Personne ne me l'ôte mais je la donne de moi-même, j'ai le pouvoir de la donner et j'ai le pouvoir de la reprendre. Tel est l'ordre que j'ai reçu de mon Père.

Jean 10 : 17-18

Il y a deux façons de perdre les choses auxquelles Dieu veut vous voir renoncer. Vous pouvez soit y renoncer volontairement ou elles peuvent vous être enlevées malgré vous.

Je vous assure qu'il y a une grande différence entre donner quelque chose et perdre quelque chose. L'un est un sacrifice et l'autre ne l'est pas. Dans les deux cas, vous perdez quelque chose.

Jésus était intelligent, il savait que ce n'était plus qu'une question de temps avant que les pharisiens ne le tuent. Il savait que c'était juste une question de temps avant qu'il ne soit éliminé. L'accumulation de la haine était évidente pour tous. *Au lieu d'attendre que cela se produise, Il se livra pour être crucifié.*

La grande différence

Il y a une grande différence entre donner quelque chose et se faire enlever quelque chose. Dans les deux cas, vous finissez par perdre. J'ai vu des gens qui ont essayé de se préserver eux-mêmes ainsi que leur famille, mais ils ont quand même fini par la perdre. Beaucoup ont également tenté d'éviter une perte financière en évitant d'entrer dans le ministère à temps plein. Souvent, ils ont perdu ce qu'ils ont essayé de garder.

Je me souviens d'une dame qui tenait son mari éloigné de l'église pour éviter de le perdre. Chaque fois que les membres d'église venaient voir son mari pour lui demander de l'aide, elle les chassait. Son comportement désagréable et peu accueillant leur faisait comprendre qu'ils n'étaient pas les bienvenus. Peu à peu, elle a réussi à éloigner les membres de l'église jusqu'à ce qu'elle ait réussi à garder son mari pour elle toute seule.

Toutefois, après quelque temps, son mari a commencé à se tourner vers le monde. Il n'a plus participé à des réunions de prière et est devenu indifférent à l'église. Alors qu'il devenait moins spirituel, il a également commencé à se désintéresser de sa femme. Très vite son regard s'est tourné vers d'autres femmes. Il les convoitait ! Cette dame s'est rendu compte qu'elle était sur le point de perdre ce qu'elle tentait de protéger. Alors, elle courut à l'église pour demander au pasteur de prier pour son mariage. Elle savait que ce qu'elle tentait de préserver était en train de lui échapper.

Cher ami, sache que celui qui garde sa vie la perdra, et celui qui perdra sa vie pour l'amour du Christ, la retrouvera. Ce sont les mots irrévocables de notre Sauveur.

> **Celui qui conservera sa vie la perdra, et celui qui perdra sa vie à cause de moi la retrouvera.**
>
> **Matthieu 10 : 39**

Il y a des gens qui pensent qu'ils préservent leur vie familiale en évitant d'être trop impliqués dans les activités de l'église. Ils s'adonnent à des occupations profanes pensant qu'ils peuvent sauvegarder l'avenir de leur foyer. Beaucoup d'entre eux ont fini par perdre leurs enfants et leur conjoint(e) dans leur quête futile d'argent.

Donnez-le avant de vous le faire prendre

> **L'homme prudent voit le mal, et se cache, mais les simples avancent et sont punis.**
>
> **Proverbes 22 : 3**

Il faut faire preuve de sagesse pour prévoir que vous allez perdre quelque chose. L'inconscience nous empêche de voir cette réalité.

J'ai autrefois dirigé une entreprise de location de voitures. J'avais un très bon client qui payait bien. Parfois, il louait une voiture pour de longues périodes et promettait de payer plus tard. Cela me convenait bien jusqu'à ce que les paiements cessent. Après un ou deux mois d'attente, j'ai décidé d'aller chercher ma voiture. Je l'ai finalement récupérée, mais mon client ne voulait pas me payer et trouvait sans cesse des excuses.

Je suis revenu plusieurs fois dans cette banlieue d'Accra pour essayer d'obtenir de cet homme le paiement qu'il me devait. Une nuit, le Seigneur m'a dit que je ne récupérerais jamais mon argent. Il m'a demandé de faire don de cet argent à cet homme (Le Seigneur me présentait à un principe éternel).

J'allais perdre quelque chose de toute façon alors autant le lui donner. Mais je pensais être plus sage que le Seigneur. L'homme avait été si insolent que je n'avais pas envie de lui donner quoi que ce soit. J'ai décidé de poursuivre cet homme jusqu'à ce que j'obtienne mon argent. Mon débiteur était un menteur et un beau parleur, qui pouvait inventer une histoire différente chaque jour.

Je n'ai jamais pardonné à cet homme et je n'ai jamais obéi au Seigneur en lui donnant l'argent. Me croyez-vous si je vous dis que je n'ai jamais reçu mon argent ? Jusqu'à aujourd'hui, je n'ai pas reçu un sou. J'ai même oublié combien il me devait. Mais Dieu savait que je perdrais mon argent de toute façon. Il voulait me bénir. Il m'a donc demandé d'en faire don, mais je n'ai pas réussi à le faire.

J'ai perdu mon argent alors que j'aurais pu choisir de le donner et récolter une moisson.

Donnez votre vie aujourd'hui et Dieu l'utilisera. Perdez votre vie pour Lui, et vous la trouverez. Peut-être les choses auxquelles vous avez peur de renoncer sont-elles sur le point de vous être enlevées de toute façon.

Section 2
SOUFFRIR

Chapitre 5

Pourquoi Dieu veut que vous éprouviez de la souffrance

Appelé à souffrir

Car il vous a été fait la grâce, par rapport à Christ, NON SEULEMENT DE CROIRE EN LUI MAIS ENCORE DE SOUFFRIR POUR LUI.

Philippiens 1 : 29

Afin que personne ne soit ébranlé au milieu des tribulations présentes, car vous savez vous-mêmes que VOUS ÊTES DESTINÉS à cela.

1 Thessaloniciens 3 : 3

Le christianisme est une religion qui n'implique pas seulement la foi mais aussi la souffrance. Un jour j'assistais aux funérailles d'un des pasteurs d'une grande église. Son ministère reposait sur des principes semblables aux miens et le pasteur défunt croyait beaucoup en la doctrine de la foi, la prospérité et la guérison.

Cependant, la maladie inattendue qui rongeait le pasteur depuis plusieurs années avait apporté d'indicibles souffrances à sa famille.

Différentes personnes s'exprimèrent lors des funérailles afin de rendre hommage à ce grand héros décédé. Finalement, sa femme s'adressa aux milliers de personnes qui étaient venues partager sa douleur.

Elle dit : « La mort de mon mari n'était pas une défaite. Il est facile pour les chrétiens de penser que nous avons été vaincus parce qu'il n'a pas guéri. »

Elle dit ensuite quelque chose de profond qui résume une vérité que l'on n'enseigne pas : « *Je crois que notre théologie doit inclure la souffrance.* »

À ces mots, je reconnais la voix de l'Esprit Saint qui s'exprimait à travers toute la douleur et les difficultés que nous avions rencontrées. Dieu était en train de nous dire : notre concept du christianisme doit inclure le concept de la souffrance !

Aucun enseignement sur la foi, la guérison et la prospérité ne saurait faire oublier les vérités sur la souffrance des chrétiens. La Bible inclut multiples références à l'existence d'un plan divin qui inclut la souffrance pour les chrétiens.

Nous pouvons ne pas aimer cela et nous pouvons souhaiter que cela ne soit pas ainsi, mais il y a tellement de souffrance dans la Bible que nous ne pouvons pas y échapper !

Paul a dit : « C'est par beaucoup de tribulations qu'il nous faut entrer dans le royaume de Dieu. » (Actes 14 : 22)

L'apôtre Paul a beaucoup parlé de souffrances dans ses lettres. Il a dit qu'il était assailli de problèmes, qu'il avait été persécuté, perplexe et abattu à de nombreuses reprises. A quoi font référence ces termes ? Parlent-ils de joie ?

Paul décrit sa vie comme étant toujours livrée à la mort pour Jésus. Qu'est-ce que cela signifie d'être toujours livré à la mort ? Pensez-vous que cela veut dire qu'il reçoit prospérité et guérison ? Bien sûr que non ! En effet, cela semble terrifiant d'être toujours livré à la mort !

Le ministère de Jésus présente deux aspects très différents. La prédication, l'enseignement et la guérison ont constitué une première phase de son ministère. La deuxième phase de son ministère a été essentiellement d'éprouver diverses formes de souffrance. Il a souffert du rejet par la communauté israélienne, de la trahison de Judas, de la désertion de Ses disciples, de fausses accusations par les pasteurs, des mensonges des pharisiens, des douleurs infligées par les soldats romains, du tourment psychologique d'une mort imminente et de la douleur et de l'horreur de la crucifixion.

Mais pourquoi le fait de suivre Dieu implique-t-il toutes ces souffrances ?

Pourquoi quelqu'un qui obéit à Dieu doit-il faire l'expérience de la souffrance ?

N'est-il pas vrai que ceux qui obéissent à Dieu méritent d'être exemptés de certaines de ces expériences difficiles ?

Souvent, les gens mauvais semblent avoir la vie facile alors que les bons semblent souffrir. Évidemment que nous avons essayé d'éliminer le concept de la souffrance de notre théologie, parce que c'est une réalité particulièrement gênante et difficile à expliquer.

Mais il est temps de réintégrer la notion de souffrance dans notre théologie. Les enseignements sur la foi, la guérison, la prospérité et la longévité sont la pierre angulaire d'une grande partie de l'Église. Mais il est temps d'inclure la souffrance dans ces enseignements sur la foi. Si nous manquons à ajouter la souffrance au chapitre des bonnes nouvelles de nos doctrines, nous serons toujours incomplets et nous aurons souvent le sentiment d'être vaincus et confus au cours de notre cheminement de Chrétien.

Les raisons pour lesquelles Dieu veut que vous éprouviez de la souffrance

1. Dieu veut que vous éprouviez des souffrances, car cela Lui plaît.

Pourtant, il a plu à l'Éternel de le briser par la souffrance.

Esaïe 53 : 10

Vous êtes-vous jamais demandé pourquoi le sacrifice de Jésus sur la croix a été décrit comme « *une bonne odeur* » pour Dieu ? « [...] comme le Christ nous a aimés, et qu'il s'est livré lui-même pour nous comme une offrande et un sacrifice de bonne odeur. » (Éphésiens 5 : 2).

On aurait pu penser que le sacrifice de Jésus sur la croix aurait plutôt une odeur détestable, dégoutante et répugnante pour Dieu. Pourtant, Il l'appelle « une bonne odeur ».

Il est étonnant que cela plaise à Dieu de vous voir éprouver une certaine souffrance. J'ai pensé à ce verset : « *il a plu à Dieu de le briser par la souffrance* » et je me suis dit que cela devait être une erreur. Comment le Seigneur pourrait être heureux de blesser Jésus ? Comment Dieu pourrait-il être heureux alors que Son fils souffre ? Quel parent serait heureux que son enfant souffre ?

Néanmoins, je me suis souvenu de l'époque où mes enfants allaient au pensionnat. Je savais qu'ils allaient vivre des choses qu'ils n'avaient jamais connues auparavant. Je savais qu'ils allaient frotter, débroussailler et faire du travail comme jamais auparavant. Ils auraient à se lever tôt et travailler dans le cadre d'une certaine routine. Je savais aussi qu'ils allaient souffrir en côtoyant des enfants plus âgés et parfois méchants.

Et pourtant, j'étais content de les envoyer au pensionnat. Pourquoi étais-je content de les envoyer dans cette école alors qu'ils allaient faire l'expérience de certaines difficultés et souffrances ?

Voyez-vous, j'avais essayé de leur enseigner certaines leçons quand ils étaient à la maison, mais ils ne semblaient pas saisir ou absorber certains de ses enseignements. Il y avait des leçons de vie que je voulais qu'ils apprennent. Ils avaient appris tout ce qu'ils pouvaient apprendre des conseils de parent que je leur avais rabâchés. Il était temps qu'ils apprennent des épreuves de la vie ce que nous, parents, ne pouvions leur enseigner.

2. Dieu veut que vous éprouviez de la souffrance, car cela vous rend parfait.

Il convenait, en effet, que celui pour qui et par qui sont toutes choses, et qui voulait conduire à la gloire beaucoup de fils, élevât À LA PERFECTION PAR LES SOUFFRANCES le Prince de leur salut.

Hébreux 2 : 10

Le mot « *perfection* » signifie être complet. Nous sommes incomplets sans souffrance. Il manque quelque chose à quelqu'un qui n'a pas rencontré de problèmes dans cette vie. Il lui manque l'élément qui la rend complète et mature. La vie sur cette terre apporte des souffrances de toutes sortes. Tant que vous n'avez pas éprouvé une quelconque souffrance, il vous manque tout simplement un certain degré de maturité.

3. Dieu veut que vous éprouviez de la souffrance, car cela vous rend obéissant.

Bien qu'il fût Fils, il a encore *appris l'obéissance par les choses qu'il a souffertes* ;

Hébreux 5 : 8

La Bible nous enseigne que Jésus-Christ est devenu obéissant par Ses souffrances. Jésus-Christ était saint et sans péché. Pourtant, son obéissance à Dieu dépendait de certaines souffrances qu'Il devait endurer. Vous aussi devez endurer des souffrances si vous voulez obéir pleinement à Dieu.

Parfois, nous pensons que ce sont les gens têtus et mauvais qui ont besoin de souffrir pour devenir obéissants. Mais les bons aussi ont besoin de souffrir afin d'atteindre l'obéissance parfaite. Lorsque vous rencontrez des difficultés et que vous souffrez, demandez-vous ce que le Seigneur cherche à vous faire faire. À quoi veut-Il que j'obéisse ? Que veut-Il que je fasse pour Lui ?

Nombreux sont ceux qui sont devenus obéissants et ont servi le Seigneur seulement à cause de certaines expériences difficiles qu'ils ont vécues. Certains des grands hommes que vous connaissez sont devenus ministres parce qu'ils ont enduré certaines expériences.

Maria Woodworth Etter

Maria Woodworth Etter, un des généraux de Dieu, était connue pour son ministère surnaturel de signes et de prodiges. Elle eut une vision de la récolte alors qu'elle avait treize ans et entendis la voix de Dieu lui dire « d'aller les routes et les haies et rassembler les brebis perdues ». On ne sait pourquoi, elle ignora cet appel.

Probablement désireuse de vivre comme la plupart des femmes, elle se maria quelques années plus tard. Elle eut six beaux enfants ! Mais la tragédie frappa et cinq de ses six enfants moururent dans un laps de temps très court.

Maria elle-même tomba souvent malade et souvent, elle pensa mourir. Pendant ces périodes difficiles, elle sentit que Dieu l'appelait à prêcher aux âmes perdues.

Finalement, elle se livra au Seigneur et obéit à l'appel. Elle commença à prêcher dans sa région et on observa de nombreuses conversions. Ce fut le début d'un formidable ministère. Maria a subi la perte de cinq enfants. Quelle terrible tragédie. Pourtant, c'est cette souffrance qui l'a amenée à son ministère.

William Branham

William Branham, le célèbre prophète, a également reçu un appel surnaturel au ministère. William Braham était un jeune garçon quand il commença à avoir des visions et à sentir l'appel de Dieu dans sa vie. À l'âge de quatorze ans, il fut impliqué dans un accident dans lequel il faillit perdre ses deux jambes. Alors qu'il gisait dans une mare de sang, il eut une vision terrifiante de l'enfer. Il implora Dieu de le sauver et promit d'être un bon garçon s'il survivait. Il survécut, mais oublia Dieu et sa promesse.

Un jour qu'il se promenait près d'une église, il sentit « quelque chose » lui dire d'y entrer, mais il refusa d'obéir et continua son chemin. Peu de temps après, il entendit une voix lui dire : « Je t'ai appelé, et tu n'es pas allé. » Il réalisa alors qu'il devait s'approcher du Seigneur puisque sa vie avait été épargnée, mais il ne savait pas comment.

Un jour, il décida de clouer une lettre à un arbre. Il se rendit ensuite dans une grange et pria sincèrement de tout son cœur. Quand il ouvrit les yeux, il vit flottant devant lui, une lumière douce et brillante qui formait une croix parfaite. Là, dans cette grange, il accepta le Seigneur Jésus-Christ.

Quand en 1934, Dieu l'appela à embrasser l'évangélisation à travers tout le pays, il refusa parce que sa belle-mère estimait qu'il n'avait pas à entraîner sa femme, Hope, dans ce périple. Il paya cher l'erreur de ne pas écouter le Seigneur car sa femme Hope et sa fille Sharon Rose furent emportées par la maladie de la tuberculose pendant les grandes crues de 1936.

À la mort de sa femme et de sa fille, il tomba dans une profonde dépression et il eut le sentiment que Dieu l'avait abandonné. Il tenta de se suicider plusieurs fois, sans succès.

Les années qui suivirent furent très difficiles pour Branham. Un jour, il alla prier en quête de la volonté de Dieu à son sujet et il se repentit de ne pas être parti évangéliser à travers tout le pays. Il obéit alors à l'appel de Dieu et mena l'un des ministères prophétiques les plus spectaculaires de toute l'histoire.

Ces exemples illustrent que de nombreuses personnes n'obéissent pas à la voix de Dieu jusqu'à ce qu'ils endurent de grandes souffrances.

4. Dieu veut que vous éprouviez de la souffrance, car cela vous rapprochera du Christ.

> Afin de connaitre Christ, et la puissance de sa résurrection, et la COMMUNION DES SOUFFRANCES, étant devenu conforme à Lui dans sa mort ;
>
> Philippiens 3 : 10

La souffrance crée une communion entre ceux qui ont connu les mêmes souffrances. Un lien se forme entre ceux qui ont enduré certaines expériences. En conséquence, pour faire partie de certaines communautés, vous devez connaître certaines souffrances.

Vous devez endurer les sept années de la faculté de médecine avant de faire partie de la communauté des médecins.

Vous devez subir les moqueries et le rejet dont font l'objet certaines personnes qui exercent le ministère à plein temps afin de rejoindre cette communauté.

Vous ressentez une certaine proximité avec Dieu et le Christ lorsque vous souffrez. Vous comprendrez mieux qui est Jésus et ce qu'Il a fait pour vous en éprouvant ses souffrances.

5. Dieu veut que vous éprouviez de la souffrance à cause de la gloire qui suivra.

Tout comme le jour succède à la nuit, la gloire de Dieu succèdera à nos souffrances. La gloire d'être médecin succède aux souffrances de l'école de médecine. La gloire d'avoir un bébé succède aux affres de la grossesse et de l'accouchement. La gloire d'avoir un bébé succède aux souffrances et aux difficultés de l'adoption.

La bonne nouvelle, c'est que la gloire que nous connaîtrons n'est pas comparable à la souffrance que nous devons passer. « J'estime que les souffrances du temps présent ne sont pas dignes d'être comparées avec la gloire qui sera révélée en nous » (Romains 8 : 18). Il y a tellement de textes sacrés qui soutiennent cette grande vérité. En voici quelques-uns :

> Car nos légères AFFLICTIONS du moment produisent pour nous, *au-delà* de toute mesure, un poids éternel de GLOIRE ;
>
> 2 Corinthiens 4 : 17

> Voulant sonder l'époque et les circonstances marquées par l'Esprit de Christ qui était en eux, et qui attestait d'avance les souffrances de Christ et la gloire dont elles seraient suivies.
>
> 1 Pierre 1 : 11

> Réjouissez-vous, au contraire, de la part que vous avez aux souffrances de Christ, afin que vous soyez aussi dans la joie et dans l'allégresse lorsque Sa gloire apparaîtra.
>
> 1 Pierre 4 : 13

> Or, si nous sommes enfants, nous sommes aussi héritiers : héritiers de Dieu, et cohéritiers de Christ, si toutefois nous souffrons avec lui, afin d'être glorifiés avec lui. J'estime que les souffrances du temps présent ne sauraient *être comparées* à la gloire à venir qui sera révélée pour nous.
>
> Romains 8 : 17-18

6. Dieu veut que vous éprouviez des souffrances afin de compléter les souffrances de Christ.

Je me réjouis maintenant dans mes souffrances pour vous, et ce qui manque aux souffrances de Christ, je l'achève en ma chair, pour son corps, qui est l'Église

Colossiens 1 : 24

C'est peut-être la raison la plus mystérieuse pour laquelle nous devrions souffrir : pour compléter les souffrances du Christ. Est-ce à dire que Jésus n'a pas terminé son travail sur la terre ? Je ne crois pas. Jésus est la tête et nous sommes le corps de Christ.

Il nous a dit de porter notre croix parce que la tête avait pris la croix et que le corps du Christ doit aussi porter sa croix. Si la tête souffre et le corps ne souffre pas, alors les souffrances du Christ ne sont pas complètes.

7. Dieu veut que vous éprouviez de la souffrance afin que vous deveniez humble.

Satan est orgueilleux de nature. Satan est le roi et l'origine de l'orgueil. Il est également le chef et le surveillant de tous les enfants de l'orgueil.

[...] Il *est* un roi sur tous les enfants de l'orgueil.

Job 41 : 34

Après la chute de l'homme, l'orgueil naturel de Satan a été on ne sait comment injecter dans l'humanité.

Ce défaut de nature satanique est la source de tous les maux de l'homme. Même après notre salut, nous sommes constamment aux prises avec cette influence démoniaque qui cherche à dominer notre caractère et notre personnalité.

Une fois que le Seigneur nous a appelés et que nous avons commencé à Le servir, cette même nature nous éloigne de sa volonté. Un peu de confiance, un peu de succès, et nous nous transformons en enfants trop gâtés diaboliques et orgueilleux qui n'écoutent plus aucun conseil. Nous nous moquons secrètement de ceux que nous jugeons inférieurs.

C'est la raison pour laquelle le Seigneur nous conduit le long d'une route qui nous rend humbles et nous pousse à avoir confiance en Lui. L'Écriture la plus claire à ce sujet est sans aucun doute Deutéronome 8 : 2 Certaines personnes qui prétendent avoir la foi (je dis cela parce que je me considère moi-même comme un homme de foi) souhaiteraient que ce verset ne soit pas dans la bible. Mais il l'est et il n'y a rien que vous puissiez y faire. Dieu nous conduit sur des chemins dans l'intention de nous humilier.

Certaines des choses qui vous arrivent servent seulement à vous rendre humble, sobre, doux et gentil !

> Souviens-toi de tout le chemin que l'Éternel ton Dieu t'a fait faire pendant ces quarante années dans le désert, afin de t'humilier et de t'éprouver, pour savoir quelles étaient les dispositions de ton cœur et si tu garderais ou non ses commandements.
>
> Deutéronome 8 : 2

L'apôtre Paul a également confirmé cette vérité. Il a dit qu'un messager de Satan avait été envoyé pour l'écraser de sorte qu'il ne se relève pas enflé d'orgueil à cause de ses nombreuses révélations. Il a interprété les difficultés, les persécutions, les reproches et les angoisses dont il a été victime comme autant de dons de Dieu destinés à instiller l'humilité dans sa vie.

« Et pour que je ne sois pas enflé d'orgueil, à cause de l'excellence de ces révélations, il m'a été mis une écharde dans la chair, un ange de Satan pour me souffleter et m'empêcher de m'enorgueillir. » (2 Corinthiens 12 : 7).

Votre plus beau cadeau c'est ce qui vous rend humble dans cette vie

Si l'humilité est la clé pour devenir le plus grand au ciel (C'est pourquoi quiconque se rendra humble comme ce petit enfant sera le plus grand dans le royaume des cieux, Matthieu 18 : 4) alors tout ce que vous apporte l'humilité doit être le plus beau cadeau que Dieu puisse vous faire.

La souffrance qui vous rend humble est donc le plus grand don de Dieu pour vous.

Si vous avez des yeux pour voir, vous regarderez comme un sujet de joie complète les diverses épreuves, tests et tentations auxquels vous pouvez être exposés. (Jacques 1 : 2).

Qu'est-ce qui vous a rendu triste dans cette vie et vous a fait souffrir ?

C'est ce que Dieu a utilisé pour faire de vous une personne humble.

Est-ce votre mari ?

Est-ce le rejet dont vous avez fait l'objet ?

Est-ce votre épouse ?

Est-ce votre mariage ?

Est-ce votre enfant ? Est-ce l'enfant que vous n'avez pas eu ?

Est-ce le mari que vous n'avez pas eu ? Est-ce que votre pauvreté ? Est-ce votre maladie ? Est-ce le décès de votre conjoint ? Est-ce que ce sont vos accusateurs ? Est-ce votre faiblesse ? Est-ce votre infériorité ? Est-ce la couleur de votre peau ?

L'homme naturel appellerait ces choses vos plus grands malheurs. Pour une personne non spirituelle, ces choses peuvent effectivement ressembler à des calamités et à de la malchance.

Toutefois, si vous les receviez, vous reconnaitriez que vos difficultés et vos souffrances sont les plus grands dons que Dieu peut vous faire.

Tout le monde ne devient pas humble en souffrant

Ne vous y trompez pas. Tous ceux qui souffrent ne deviennent pas nécessairement humbles. Certains vont même s'endurcir et résister à Dieu encore plus. Vous devez permettre à Dieu d'arranger les choses en vous.

8. Dieu veut que vous ressentiez de la souffrance car Il veut vous éprouver.

Souvenez-vous de tout le chemin quand l'Éternel, votre Dieu vous a conduit dans le désert pendant ces quarante années, afin qu'il vous humilie, vous teste, afin de savoir ce qui était dans votre cœur, si vous souhaitiez garder ses commandements ou non.
Deutéronome 8 : 2

La souffrance est en effet un test. Elle fait ressortir ce qui est en vous. Lorsque vous réprimandez ou punissez quelqu'un, sa vraie nature est exposée.

Le pasteur en colère

Un pasteur avait fait quelque chose de mal et avait été puni en conséquence. Il a ensuite été muté ailleurs pour faire un autre travail. Son attitude empira à cause de cette mutation et il menaça de quitter l'église. Il avait l'impression de ne pas avoir été traité équitablement.

Je dis à ma femme, « Cet homme révèle ainsi à tous qu'il était bien rebelle. » Avant sa punition, il était difficile de déterminer s'il était vraiment un rebelle ou juste une innocente victime des circonstances. Sa réaction après ces difficultés a révélé qui il était.

C'est ainsi que le mariage fait ressortir votre véritable personnalité. Par le mariage, vous découvrirez si vous êtes patient, aimable, excessif, méchant, compatissant, insensible, dur, mou ou neutre.

Il n'est jamais devenu amer

J'assistais aux funérailles d'un grand homme de Dieu. J'entendais les commentaires de personnes qui avaient connu cet homme. La remarque d'un ministre expérimenté me frappa.

Il dit : « Notre frère nous a donné un bon exemple dans la vie. Il nous a montré comment vivre et il nous a également montré comment mourir. Dans la vie, il était joyeux, agréable et plein de foi. Au cours des années précédant sa mort, il fut tout aussi joyeux, agréable et plein de foi. » Puis il ajouta : « Il n'est jamais devenu amer, malgré sa maladie et la souffrance. »

Je pense que c'était un puissant témoignage d'un homme qui a réussi le test de la souffrance. Il avait fait preuve de foi et d'espoir dans la souffrance.

Malheureusement, il n'en est pas ainsi pour tous ceux qui souffrent. Certains deviennent amers à cause des souffrances contradictoires qu'ils ont vécues après avoir tout donnés à Dieu.

Ne soyez pas amer à cause de votre souffrance

Considérez, en effet, celui qui a supporté contre sa personne une telle opposition de la part des pécheurs afin que vous ne vous lassiez point, l'âme découragée.

Hébreux 12 : 3

La Bible nous enseigne comment Jésus-Christ a reçu l'opposition des pécheurs (Hébreux 12 : 3). Quelle est l'opposition des pécheurs ? C'est de connaître quelque chose de contraire à ce à quoi vous vous attendiez.

Après avoir accompli de bonnes actions et avoir servi le Seigneur, vous vous attendiez à recevoir une belle récompense. Après avoir été un bon époux, vous vous attendiez à ce que votre femme vous traite bien. Vous ne vous attendiez pas à recevoir des insultes, des accusations, de la mauvaise nourriture ou du mauvais sexe. Ce serait une contradiction.

Après avoir été une bonne épouse, vous vous attendiez à recevoir de l'amour, de l'attention et du dévouement de votre mari. Vous ne vous attendiez pas à avoir un mari désagréable, insensible, haineux et infidèle. Ce serait aussi une contradiction.

Faites attention lorsque vous recevez l'opposition des pécheurs.

Recevoir l'opposition des pécheurs est l'une des souffrances que nous sommes appelés à vivre sur cette terre. Ne vous retournez pas contre Dieu quand vous recevez l'opposition des pécheurs. Jésus a connu l'opposition des pécheurs et nous a montré comment la supporter.

Ne devenez pas amer.

Ne dites pas que vous avez besoin d'être heureux dans cette vie.

Ne dites pas que vous avez besoin de faire une pause.

Ne dites pas que vous avez besoin de vous éloigner de tout cela.

On ne peut jamais échapper à la volonté de Dieu !

Le missionnaire suédois

Un couple européen était allé au Congo belge en tant que missionnaires accompagnés de leur fils âgé de deux ans. Ils travaillèrent pendant de nombreuses années sans en voir les fruits.

Pendant leur séjour là-bas, la seule personne qui avait répondu à leur ministère était un petit garçon congolais qui leur apportait de la nourriture. Imaginez un peu ! Votre seul converti après des années de ministère est un petit garçon.

Un jour, la femme mourut, une semaine après avoir donné naissance à leur fille. Désespéré, le mari quitta le Congo avec son fils en abandonnant sa fille, tout juste âgée d'une semaine, à un autre couple de Suédois. Malheureusement, ce couple mourut aussi. Un couple de missionnaires américains adopta ensuite la petite fille.

Le missionnaire suédois, pensant qu'il était un raté, se tourna vers l'alcool et abandonna complètement le ministère dès son retour en Suède. Il avait reçu l'opposition des pécheurs au Congo.

Mais sa fille grandit en Amérique et épousa un homme qui devint le directeur d'une école biblique. Lors d'un voyage vers la Suède, ils s'arrêtèrent à Londres et alors qu'ils se promenaient, ils tombèrent sur un congrès dans lequel intervenait un missionnaire congolais évangéliste qui témoignait des grandes œuvres de Dieu au Zaïre.

Une conversation entre la femme et le grand évangéliste révéla qu'il était le petit garçon qui avait été converti par ses parents pendant leur séjour au Congo belge. Il était devenu un missionnaire évangéliste dans son propre pays. Son ministère s'étendait à 110 000 chrétiens, trente-deux missions, plusieurs écoles bibliques et un hôpital de vingt lits.

Le lendemain, elle se rendit en Suède à la recherche de son père. Elle le trouva dans un immeuble délabré dans un quartier pauvre de Stockholm. Ils frappèrent à la porte et une femme les laissa entrer. À l'intérieur, des bouteilles d'alcool jonchaient la pièce. Et couché sur un lit dans un coin était son père —le missionnaire de jadis. Il avait maintenant 73 ans et souffrait de diabète. Il avait également eu un accident vasculaire cérébral et souffrait de cataracte.

Elle se laissa tomber à côté de son père en pleurant : « Papa, je suis celle que tu as laissée en Afrique. »

Le vieil homme se retourna et la regarda. Ses yeux se remplirent de larmes. Il répondit : « Je n'ai jamais voulu t'abandonner. Je ne pouvais pas m'occuper de vous deux. »

Elle répondit : « Ce n'est pas grave papa, Dieu a pris soin de moi. »

Le visage de son père s'assombrit à l'évocation de « Dieu ».

Il répondit avec rage « Dieu n'a pas pris soin de toi.

Il a ruiné toute notre famille.

Il nous a conduits en Afrique, puis Il nous a trahis.

Nous n'avons rien accompli pendant que nous étions là-bas.

Nos vies furent un gâchis. »

Elle lui parla alors du prédicateur noir qu'elle avait rencontré à Londres et de la façon dont il avait contribué à évangéliser le Congo.

« C'est vrai, papa, dit-elle, tout le monde sait comment ce petit garçon a été converti. »

Son père était abasourdi. Le Saint-Esprit descendit sur lui et il fondit en larmes. Il avait reçu la contradiction des pécheurs qui l'avait détourné de Dieu. Il avait eu l'impression que Dieu n'était pas réel. Il avait eu l'impression que Dieu ne lui avait envoyé que du mal, alors qu'il avait sacrifié toute sa vie pour l'Évangile.

Des larmes de douleur et de repentance coulaient sur son visage et alors Dieu le rétablit.

9. Dieu veut que vous éprouviez des souffrances pour que vous puissiez suivre l'exemple de Jésus-Christ.

Et c'est à cela que vous avez été appelés, parce que Christ aussi a souffert pour vous, Vous LAISSANT UN EXEMPLE, afin que vous suiviez ses traces.
1 Pierre 2 : 21

La souffrance fera partie de notre vie chrétienne, parce que Jésus Christ a donné l'exemple et nous a demandé de le suivre. Peu importe l'étendue de notre foi, nous ne pouvons pas avoir plus de foi que Jésus-Christ.

Jésus avait la foi nécessaire pour ressusciter les morts et guérir les malades et pourtant il est pour nous un exemple de souffrance.

La souffrance n'est pas un signe de faiblesse.

La souffrance n'est pas un signe de défaite.

La souffrance est souvent un signe de la main de Dieu qui travaille activement dans votre vie.

10. Dieu veut que vous éprouviez de la souffrance afin que la puissance du péché soit brisée dans votre vie.

Lorsque vous souffrez de la chair, vous arrêtez de pécher. Parce que l'Église est hostile à des souffrances, elle n'a pas cessé de pécher.

Ainsi donc, Christ ayant souffert dans la chair, vous aussi, armez-vous de la même pensée. CAR CELUI QUI A SOUFFERT DANS SA CHAIR, EN A FINI AVEC LE PÉCHÉ.

1 Pierre 4 : 1

Celui qui a souffert dans la chair cesse de pécher. Là où il n'ya pas de souffrance le péché s'accroit. L'église de Dieu qui met l'accent sur la prospérité, la guérison et le succès, mais ne parle pas de souffrance court le risque de fortement dévier de la foi.

La souffrance a le pouvoir de briser l'influence du péché dans votre vie. Lorsque les gens aiment l'argent, ils aiment souvent le plaisir.

L'argent donne le pouvoir d'éviter les souffrances.

L'argent donne aux gens le pouvoir d'éloigner de leur vie ce qui est susceptible de leur causer de la souffrance. Voilà pourquoi l'argent est la racine de tous les maux.

L'argent a été en mesure de changer le cours de l'église. L'argent a éloigné l'église des endroits où on en avait le plus besoin.

Au lieu d'être menée par l'Esprit Saint vers les camps de mission, l'église est dirigée par une politique implicite destinée à éviter les problèmes, les difficultés ou les épreuves.

11. Dieu veut que vous éprouviez de la souffrance, car cela prouve que vous êtes un bon chrétien.

Nous TRAVAILLONS ET NOUS COMBATTONS, PARCE QUE NOUS METTONS NOTRE ESPÉRANCE

DANS LE DIEU VIVANT, qui est le Sauveur de tous les hommes, principalement les croyants.

1 Timothée 4 : 10

La souffrance est en fait un signe que vous êtes un bon chrétien. Paul dit qu'il travaillait et qu'il combattait parce qu'il avait confiance dans le Dieu vivant. Quand on suit la volonté du Seigneur, on rencontre toujours des difficultés et des épreuves.

Vous devez renoncer à l'idée que la souffrance est un signe de défaite ou d'échec.

On sous-entend que si vous souffrez, c'est parce que vous êtes un raté. On dit aussi que si vous souffrez, c'est que Dieu ne vous aime pas. Ou encore que les gens éprouvent des difficultés parce qu'ils ne font pas partie de la volonté de Dieu. De telles pensées ne vous aideront pas à être un bon chrétien.

Paul a dit que des chrétiens qui veulent vivre d'une manière divine souffriront. « Tous ceux qui veulent vivre pieusement en Jésus Christ seront persécutés. » (2 Timothée 3 : 12).

Je veux que vous soyez décidé à combattre jusqu'à la fin de votre vie. Combattez dans chaque situation. N'abandonnez pas ! Ne croyez pas que Dieu est en colère contre vous.

C'est ce genre de pensées qui va vous affaiblir. Dieu n'est pas en colère contre vous ! Dieu vous permet d'endurer les souffrances et les épreuves de Ses généraux et de tous ceux qui ont été appelés.

Quand Jacob a rencontré Pharaon, il a fait une déclaration profonde. Il a dit, « [...] Les années de mon pèlerinage sont de cent trente ans. LES JOURS DES ANNÉES DE MA VIE ONT ÉTÉ PEU NOMBREUX ET MAUVAIS, et ils n'ont point atteint les jours des années de la vie de mes pères [...] » (Genèse 47 : 9).

La vie sur cette terre est courte et difficile. Vous devez accepter cette réalité de la souffrance et vous préparer à en passer par là.

Ne vivez pas sur cette terre en essayant d'être heureux !

Vous devez survivre !

Vous devez y arriver !

Vous *n'avez pas besoin* d'être heureux à tout prix sur cette terre !

Tout ce dont vous avez besoin est d'arriver à la fin de votre vie en ayant obéi au Seigneur dans tout ce qu'Il vous a dit de faire.

Si vous essayez d'être « heureux », vous commettrez une erreur et ne ferez plus partie du plan de Dieu a prévu pour votre vie !

12. Dieu veut que vous éprouviez de la souffrance, car elle va de pair avec votre vocation.

> C'est pour cette Évangile que j'ai été établi prédicateur et apôtre, chargé d'instruire les païens. Et c'est à cause de cela que je souffre CES CHOSES : mais je n'en ai point honte [...]
>
> 2 Timothée 1 : 11-12

> Mais le Seigneur lui dit : Va, car cet homme est un instrument que j'ai choisi, pour porter mon nom devant les nations, devant les rois, et devant les fils d'Israël, et je lui montrerai tout ce qu'il doit souffrir pour mon nom.
>
> Actes 9 : 15-16

Quand les gens sont immatures, ils ne comprennent pas pourquoi il arrive certaines choses à certains ministres. Un jour, un ministre de l'Évangile m'entendit prêcher sur les épreuves du ministère. Il me dit : « Il semble que vous avez vraiment vécu l'enfer dans votre ministère. »

Sa remarque me surprit et je répondis : « Ah bon ? N'avez-vous pas vécu l'une de ces expériences lorsque vous avez établi votre église ? »

Il me dit : « Non, je n'ai pas vécu pareille chose. »

Je n'osais plus sortir un mot. Peut-être les gens à qui j'ai prêché avaient eux aussi estimé que j'avais vécu toutes ces expériences parce que je vivais en Afrique.

Mais j'appris plus tard que ce pasteur n'avait jamais *fondé* d'église. En fait, il était devenu le pasteur principal d'une église qui existait déjà. La souffrance et les épreuves que vous endurez lorsque vous fondez une nouvelle église sont différentes de celles que vous endurez lorsque vous prenez la relève d'une église déjà établie. Ce pasteur ne pouvait pas comprendre ce que j'avais vécu, parce qu'il n'avait pas vécu l'expérience d'un apôtre donnant naissance à des églises, mais celle d'un pasteur qui prenait la relève d'une église.

Certaines souffrances vont de pair avec certaines vocations. Paul dit qu'il souffrait de certaines choses parce qu'il avait été nommé apôtre et prédicateur.

Il y a des gens qui rencontrent des difficultés dans leur mariage en raison de leur vocation. S'ils ne fonctionnaient pas comme des pasteurs ou des apôtres, ils auraient peut-être un mariage plus heureux et plus facile. Ne les méprisez pas à cause de la souffrance qu'ils semblent éprouver dans le mariage.

L'arbre tacheté

Un jour, sur un terrain de golf je remarquai un grand arbre avec beaucoup de tâches sur lui. Après l'avoir dépassé, je revins sur mes pas pour examiner cet arbre étonnamment tacheté. Je constatai avec surprise qu'il n'y avait pas une seule tâche de l'autre côté de l'arbre.

Puis je réalisai que ce n'était pas vraiment un arbre tacheté mais un arbre ordinaire sauvagement agressé par un millier de balles de golf. Il ne devait ces marques qu'à sa position sur le parcours de golf. Si l'arbre n'avait pas été placé là, il n'aurait aucune de ces « cicatrices ».

Il y a des cicatrices que les gens ne doivent qu'à leur vocation et à leurs dons. La plupart du temps, les ministres ne souffrent pas parce qu'ils ont des faiblesses particulières, mais plutôt parce qu'ils ont des vocations particulières.

13. Dieu veut que vous éprouviez de la souffrance au nom de la vertu.

> Mais, si vous SOUFFREZ POUR LA JUSTICE, *vous* êtes heureux : et n'ayez d'eux aucune crainte et ne soyez pas troublés ;
>
> 1 Pierre 3 : 14
>
> **Que nul de vous ne souffre comme meurtrier, ou voleur, ou malfaiteur, ou comme s'ingérant dans les affaires d'autrui.**
>
> **Mais si quelqu'un SOUFFRE COMME CHRÉTIEN, qu'il n'en ait point honte, et que plutôt il glorifie Dieu à cause de ce nom**
>
> **1 Pierre 4 : 15-16**

On souffre pour diverses raisons. Beaucoup de gens souffrent à cause de leurs propres erreurs. C'est ce qui provoque la confusion quand il s'agit de savoir *pourquoi* les gens souffrent.

Est-ce que je souffre à cause de mes erreurs ou est-ce que je souffre parce que je suis la volonté de Dieu ? Est-ce que untel est mort à cause de ses erreurs ou est-il mort parce qu'il suivait la volonté de Dieu ?

Malheureusement, nous ne serons pas en mesure de répondre à toutes ces questions maintenant. Si nous essayons de répondre à toutes ces questions maintenant, nous commettrons des erreurs. Vous devez interroger votre cœur et avoir la conviction que vous vivez selon la volonté de Dieu.

Une fois que vous êtes certain que vous suivez la volonté de Dieu, vous devez combattre pour survivre et supporter vos souffrances.

14. Dieu veut que vous éprouviez de la souffrance parce que les chrétiens doivent connaître le malheur plutôt que profiter des plaisirs éphémères du péché.

Par la foi, Moïse, quand il était devenu grand, refusa d'être appelé fils de la fille de Pharaon ; choisissant mieux être maltraité avec le peuple de Dieu, que de jouir des délices du péché pour une saison ;

Hébreux 11 : 24-25

Frère, pourquoi veux-tu être heureux ?

Il y a plusieurs années, un pasteur épousa à tort une jolie jeune femme qui, sans qu'il le sache, était de nature désagréable et difficile.

Il a souffert dans son mariage pendant de nombreuses années alors que cette femme le tourmentait secrètement.

Il a enduré sa nature irascible pendant de nombreuses années sans penser à divorcer. Peut-être espérait-il secrètement qu'elle meure, mais cela n'arriva pas. Elle semblait au contraire devenir plus forte et plus grasse et avoir meilleure santé.

Mais un jour, il commença à penser différemment et à songer à quitter sa femme et à en épouser une autre. Les écritures sur le divorce n'étaient pas assez fortes pour l'empêcher d'emprunter cette route qui mène au divorce. Je me demandais ce qui avait provoqué ce changement d'attitude.

Quelque temps plus tard, je découvris ce qui semblait expliquer cet empressement à divorcer et à se remarier : les membres de sa famille l'avaient encouragé à divorcer, en lui disant qu'il *avait besoin d'être heureux.*

Ils le poussaient, le conseillaient en lui disant qu'il pourrait être heureux et qu'il avait besoin d'agir s'il voulait tourner la page et connaître une période de sa vie plus heureuse. « Nous voulons que notre cher frère soit heureux », disaient-ils.

Peut-être que cet « appel au bonheur » a été le stimulus qui a exhorté le pasteur à divorcer et à se remarier.

Je crois que le désir d'être heureux est l'un des désirs les plus dangereux qui aient jamais pénétré le corps du Christ. Penser pouvoir être heureux sur la terre et devoir être heureux sur la terre est une illusion qui conduit les chrétiens à commettre des erreurs.

C'est ce même genre d'illusion dangereuse qui conduit les chrétiens à désirer la richesse.

Pourquoi devrais-je souffrir ?

Savoir qu'ils doivent souffrir, traverser l'obscurité et les difficultés et y survivre, c'est ce qui garde les chrétiens sur le droit chemin. C'est la mentalité de l'ancienne génération de chrétiens et de ministres.

L'état d'esprit des chrétiens modernes est « je dois être heureux ! Je peux être heureux ! Je ferai tout ce que je dois faire pour être heureux sur terre ! Je vais le faire même si cela signifie occulter les Écritures qui sont claires comme le cristal ! »

Beaucoup de grands ministres supportent un mariage tumultueux et vraiment difficile dans lequel ils sont tourmentés par une belle épouse, calme en apparences.

Personne ne sait vraiment que ces jolies femmes sont aussi de jolies actrices et des tortionnaires en secret.

De nombreux ministres sont en mesure de supporter cela et même de vivre un semi-bonheur dans leur foyer jusqu'à ce que l'idée d'être heureux se présente à eux.

Grâce à cette idée de « droit au bonheur », l'ennemi est capable de détruire les honorables serviteurs de Dieu.

Mais pourquoi voudrais-tu être heureux ?

Mais pourquoi voulez-vous être heureux sur terre ? C'est la question fondamentale que vous devez garder à l'esprit. N'essayez même pas d'être heureux. Dites-vous que cela ne durera pas.

Cher ami, vous ne vivrez pas très longtemps de toute façon. Votre recherche du bonheur vous fera succomber à de nombreuses tentations et tomber dans de nombreux pièges.

Vous allez couler et plonger dans le bourbier de la confusion en cherchant le bonheur sur cette terre.

Ceci doit être votre prière

« Aidez-moi à survivre, O Seigneur » devrait être votre prière.

« Gardez-moi en vie. Aidez-moi à tenir le coup jusqu'au bout du chemin sans vous décevoir. Rendez-moi plus fort afin que je puisse supporter la douleur, la confusion, le tourment, la difficulté, la souffrance, les reproches, le malheur, les contradictions et la dépression qui engloutissent ma vie. »

Chapitre 6

Ce que vous accomplirez par les souffrances de Christ

Après cela, Jésus, sachant QUE TOUTES CHOSES ÉTAIENT MAINTENANT ACCOMPLIES, afin que l'Écriture soit accomplie, dit, j'ai soif.
Jean 19 : 28

Dans le ministère, la plupart de gens considèrent les accomplissements comme des choses positives qu'ils ont faites et réalisées pour le Seigneur. Vous entendrez des ministres de l'Évangile dire : « J'ai prêché dans quatre-vingt-seize pays. »

« Mon église compte huit cents membres. »

« J'ai construit un bâtiment qui peut accueillir trois mille personnes. »

« Nous avons quatre services chaque dimanche. »

« J'ai fondé six écoles bibliques. »

« Je suis très demandé comme conférencier. »

« J'ai obtenu deux mille décisions pour Christ lors de ma croisade. »

« Je fais des croisades dans différents pays. »

« Je baptise cinq cents personnes chaque dimanche. »

« Nous avons six chœurs dans notre église et nous avons enregistré deux albums. »

En effet, ce sont de grands accomplissements, mais ce n'est qu'un aspect de ce qu'il vous sera nécessaire d'accomplir.

Il y a un autre type d'accomplissement mentionné dans la bible. Il s'agit des *accomplissements de la croix* et de la réalisation des souffrances qui sont destinées aux serviteurs du Seigneur.

Jésus savait qu'Il accomplissait quelque chose en endurant et en souffrant le tourment des contradictions, la haine, l'envie et la méchanceté lancés contre Lui par des hommes pécheurs. Lisez vous-même :

Voici, nous montons à Jérusalem, et toutes les choses qui sont écrites par les prophètes au sujet du Fils de l'homme seront ACCOMPLIES.

Luc 18 : 31

Les réalisations de Jésus sur la croix, se trouve cependant, dans une catégorie complètement différente. Elles concernent les choses que vous avez endurées et auxquelles vous avez survécu. D'ou la question, « Qu'avez-vous vécu et à quoi avez-vous survécu ? »

Qu'est-ce qui est accompli lorsque quelqu'un souffre ? En quoi est-ce un avantage pour quelqu'un qui endure ces difficultés, cette douleur et ce malheur ? C'est une bonne question parce que d'habitude, on voit toujours un accomplissement comme la réalisation de quelque chose de positif.

Mais selon la Bible, la souffrance sur la croix est un accomplissement. À de nombreuses reprises, les malheurs de Jésus et son épreuve sur la croix ont été décrits comme des accomplissements. Jésus-Christ Lui-même a dit: « Mais il est un baptême dont je dois être baptisé, et combien il me tarde qu'il soit accompli ! » (Luc 12 : 50).

Jésus a éprouvé de grandes souffrances et le degré de gravité des épreuves et des souffrances similaires que nous endurons a une certaine signification. « Réjouissez-vous, au contraire, de la part que vous avez aux souffrances de Christ, afin que vous soyez aussi dans la joie et dans l'allégresse lorsque sa gloire apparaîtra. » (1 Pierre 4 : 13).

Derek Prince

J'ai lu un livre écrit par un ancien « homme de Dieu » de renommée mondiale. Il décrit qu'il regardait à la télévision un jeune ministre qui avait un ministère grand et prospère. Comme il regardait ce jeune homme, il se dit : « ce jeune homme réussit bien. Il réalise beaucoup de choses pour le Seigneur. Mais un jour, il va découvrir que ce n'est pas tellement les choses qu'il a accomplies qui importent, mais plutôt ce qu'un homme peut endurer. Il s'agit de voir quelle souffrance vous êtes capable d'endurer. Il va le découvrir ».

Sans aucun doute, c'était un homme de Dieu expérimenté.

Qu'avez-vous vécu ?

Une autre fois, je rencontrai un homme de Dieu plus âgé qui se plaignait des jeunes ministres qui se sentaient plus grands et meilleurs que lui. Il me dit, « ces jeunes gens pensent que la réussite dépend de la taille de votre congrégation ou de combien de voitures vous possédez ».

Il poursuivit : « Il s'agit de ce que vous avez vécu ». Il pointa son doigt vers moi et me dit : « Qu'avez-vous vécu ? Á quoi avez-vous survécu ? ».

« Endurer les choses » est un accomplissement de même que « réaliser des choses » est une réussite. « Jésus, qui savait que tout était déjà consommé, dit, afin que l'Écriture fût accomplie, j'ai soif ». (Jean 19 : 28).

> **Voici les exhortations que j'adresse aux anciens qui sont parmi vous, moi ancien comme eux, témoin des souffrances de Christ et participant de la gloire qui doit être manifestée.**
>
> **1 Pierre 5 : 1**

Le missionnaire en deuil

Un missionnaire qui avait prêché à des milliers de personnes partout dans le monde traversait une crise dans sa vie personnelle. Il avait envie de renoncer à Dieu et au ministère et même de mettre fin à sa vie.

Un de ses amis essaya de le consoler en lui disant : « Dieu a permis cela pour une raison. Dieu est au poste de contrôle. Vous devez faire confiance à Dieu. »

Mais il répondit : « Dieu ne joue aucun rôle là-dedans. Qu'est-ce que Dieu gagne en me faisant endurer cette terrible crise ? Dieu n'a pas besoin de détruire ma famille pour me parler. »

Il poursuivit : « Je ne sers pas un Dieu qui peut permettre à ces choses terribles de se produire. »

Un de ses amis lui expliqua comment le célèbre missionnaire Adoniram Judson avait apporté l'Évangile en Inde au prix de grandes pertes personnelles.

Il expliqua à son ami en deuil qu'Adoniram Judson avait connu la tragédie d'enterrer deux femmes et quatre enfants bien qu'il fût au service de Dieu dans un camp de missionnaires.

Cette information ne sembla pas toucher le missionnaire endeuillé. Il devenait de plus en plus agressif au fur et à mesure qu'on lui suggérait que Dieu pouvait jouer un rôle dans cette terrible crise. Cette évangéliste qui avait le don de guérison lança un pavé dans la mare qui révélait sa compréhension de l'accomplissement spirituel de la souffrance.

Il dit : « Il vaudrait mieux que Dieu n'ait rien à voir avec ce problème. Je préférerais devenir musulman plutôt que servir un Dieu qui permettrait que quelque chose comme cela m'arrive. Si Dieu a quelque chose à voir avec tout cela, alors je deviendrai musulman ! » Ce missionnaire insistait : si le Dieu de Christianisme permettait à ces problèmes de lui arriver, alors il changerait de dieu et de religion.

Mais l'apôtre Paul a reconnu qu'il était possible à Dieu de permettre à Satan d'attaquer un ministre de l'Évangile. Lisez vous-même.

> **Et pour que je ne sois pas enflé d'orgueil, à cause de l'excellence de ces révélations, il m'a été mis une écharde dans la chair, un ange de Satan pour me souffleter et m'empêcher de m'enorgueillir**
> **2 Corinthiens 12 : 7**

Il est temps de regarder vers Jésus, qui est le commencement et la fin de tout pour nous. Il est venu sur cette terre et a enseigné avec puissance à des milliers de personnes. Beaucoup ont été sauvés et guéris par Son ministère.

La réussite de Son ministère sur le terrain est liée à la souffrance qu'il a réussi à endurer sur la croix. Nous devons enseigner la Parole de Dieu avec puissance, par des miracles, des signes et des prodiges, et nous devons également supporter, tolérer l'épreuve que Dieu a prévue pour nous. « Car, de même que les souffrances de Christ abondent en nous, de même notre consolation abonde par Christ. » (2 Corinthiens 1 : 5).

Nous aurons notre part en suivant le Seigneur avec ardeur. Comme le ministre vieux et sage a dit, un temps viendra où il ne sera pas question des choses positives que vous réalisez, mais des choses que vous pouvez endurer et des choses que vous pouvez permettre de se produire dans votre vie.

Ayant les regards sur Jésus, le chef et le consommateur de la foi, qui, en vue de la joie qui lui était réservée, a souffert la croix, méprisé l'ignominie, et s'est assis à la droite du trône de Dieu.

Hébreux 12 : 2

Les souffrances de Christ

Voici les exhortations que j'adresse aux anciens qui sont parmi vous, moi ancien comme eux, témoin des souffrances de Christ, et participant de la gloire qui doit être manifestée

1 Pierre 5 : 1

Les choses que vous pouvez accomplir grâce à vos souffrances sont les choses que Jésus a accomplies avec ses souffrances. C'est pourquoi il est important de savoir quelles étaient les souffrances de Christ. Lorsque Jésus sut qu'il avait accompli les souffrances nécessaires, il rendit l'âme et mit fin à son ministère.

Je veux que vous étudiiez les accomplissements particuliers que Jésus a réalisés sur la croix. Ce sont les souffrances que nous devons aussi nous efforcer d'accomplir si telle est la volonté de Dieu.

Considérez les souffrances comme des accomplissements, parce que c'est ce qu'elles sont et c'est ainsi que la Bible les décrit !

Jésus-Christ a enduré le supplice de la croix et donc nous le devons aussi. Qu'est-ce que Jésus-Christ a enduré exactement ? Il a enduré les souffrances que j'ai énumérées ci-dessous. Chacune de ces souffrances fut un accomplissement.

[...] qui, pour la joie qui lui était proposée, ENDURA UNE CROIX [...]

Hébreux 12 : 2

1. Endurer la tentation est un des accomplisse-ments des souffrances de Christ.

Il fut tenté par le diable pendant quarante jours. Il ne mangea rien durant ces jours-là, et, après qu'ils furent écoulés, il eut faim.

Luc 4 : 2

Il a sauvé d'autres ; lui, il ne peut pas se sauver lui-même. S'il est le roi d'Israël, qu'il descende maintenant de la croix, et nous croirons en lui.

Matthieu 27 : 42

Jésus Christ a enduré les souffrances de la tentation du début de Son ministère jusqu'à la fin. Dans le désert, il a été tenté d'interrompre son ministère et de prouver qu'il était le Fils de Dieu. Sur la croix, il a été tenté à nouveau de descendre et de prouver qu'il était le Fils de Dieu. C'était exactement le même démon et exactement la même tentation qui ont hanté Jésus tout au long de son ministère.

C'est ce qui explique la tentation persistante des ministres de l'Évangile. La tentation reçue au début de votre ministère est généralement celle qui revient encore et encore. Si vous analysez votre vie et votre ministère, vous réaliserez que la même chose revient sans cesse, bien que parfois sous des formes différentes.

Vous devez comprendre que vous allez souffrir de la tentation jusqu'à votre mort.

Si un pasteur est tourmenté dans son mariage, cela dure en général jusqu'à la fin.

La tentation revient encore et encore et le démon essaie sans cesse de rompre le mariage. Les démons se rendent compte que la persistance produit des fruits et donc ils continuent d'essayer.

Souvent, la pression démoniaque et la tentation réussissent leur coup au bout de nombreuses années. Cela pourrait expliquer pourquoi certains hommes de Dieu divorcent après vingt ou trente ans de mariage. Après vingt ans de mariage, on pourrait penser qu'un couple en aurait assez de se disputer.

La tentation du divorce

Un jour, un ministre important de l'Évangile a choqué le monde chrétien en annonçant son divorce. Il avait été marié pendant plus de trente ans et tout semblait aller pour le mieux vu de l'extérieur. Fait intéressant, j'eus l'occasion de rencontrer un proche de ce pasteur.

Plein d'espoir, je demandai à l'ami de ce pasteur prêt à divorcer si le couple allait pouvoir sauver leur mariage. Il sourit avec une ironie désabusée et secoua la tête.

« Je ne le crois pas. »

Puis il rajouta : « Je suis même surpris qu'ils soient restés mariés aussi longtemps. »

« Que voulez-vous dire ? » demandai-je.

« Oh, ils ont eu une relation tumultueuse pendant leurs 30 années de mariage. Il est surprenant de constater qu'ils ont duré si longtemps. »

Il ne dit plus rien et je compris qu'il ne voulait pas en parler.

J'étais étonné que ce pasteur divorcé ait été poursuivi par les mêmes tentations pendant tant d'années.

Il avait enduré en silence la tentation du divorce pendant de nombreuses années.

2. Résister à la pression est un des accomplissements des souffrances de Christ.

Il est un baptême dont je dois être baptisé, et combien il me tarde qu'il soit accompli !

Luc 12 : 50

Jésus subissait une pression intense pendant qu'Il accomplissait Son ministère. Il a parlé d'un baptême du feu, de la tentation, du stress et de la pression qu'il a ressentis en approchant de Jérusalem. Il savait qu'il devait réussir à résister à la pression des esprits démoniaques qui s'étaient rassemblés. Il a été raillé, tenté, rejeté, méprisé et finalement assassiné.

Car nous ne voulions pas, frères, que vous ignoriez nos problèmes d'Asie, que nous étions opprimés, au-delà de nos forces, de sorte que nous désespérions même de la vie :

2 Corinthiens 1 : 8

3. Endurer la trahison est un des accomplisse-ments des souffrances de Christ.

Et comme ils mangeaient, il dit : En vérité je vous le dis, l'un de vous me livrera.

Matthieu 26 : 21

Jésus Christ a enduré la trahison et il en sera de même pour vous aussi. De jeunes ministres de l'Évangile se moquent des personnes plus âgées quand elles sont trahies.

J'ai entendu une fois un jeune ministre de l'Évangile faire un commentaire sur un ancien ministre qui avait été trahi par ses associés.

Il dit : « Les gens se retournent contre cet Évêque à cause de sa mauvaise conduite. »

Quelques années plus tard, ce jeune ministre de l'Évangile qui croyait avoir les compétences nécessaires pour être un meneur a été victime d'une trahison encore pire de la part de ses associés. Ce qu'il n'avait pas réalisé, c'est que la trahison est quelque chose que tous les Disciples de Christ vivront un jour. Si ce n'est pas encore votre cas, vous en ferez l'expérience un jour. C'est juste une question de temps.

Quand vous endurez des trahisons et des déceptions, ne pensez pas que cela arrive parce que vous avez commis une erreur. Il est possible que vous soyez dans l'erreur et même que vous ayez péché, mais rappelez-vous aussi que la trahison est de toute façon l'une des choses que vous aurez à supporter dans le cadre de votre vie de chrétien.

Fréquenter des gens qui ont connu la trahison est différent de fréquenter des gens inexpérimentés. Les gens expérimentés ont une approche du ministère plus douce et mature. J'ai vu des ministres de l'Évangile se moquer de mes livres sur la loyauté puis retourner leur veste et en tomber amoureux après avoir vécu une trahison.

Pour être honnête, la maturité d'un ministre concerne plus ce que vous avez vécu que le nombre de sermons que vous avez prêchés.

4. Endurer des heures de prière est un des accomplissements des souffrances de Christ.

> **Puis, ayant fait quelques pas en avant, il se jeta sur sa face, et pria ainsi: Mon Père, s'il est possible, que cette coupe s'éloigne de moi ! Toutefois, non pas ce que je veux, mais ce que *tu veux*.**
> **Matthieu 26 : 39**

Prier pendant des heures sans réaction apparente du ciel est une épreuve que vous devez endurer si vous voulez que le ministère porte ses fruits. C'est une souffrance de prier pendant des heures dans une pièce où vous ne pouvez entendre que votre voix monotone répéter les mêmes mots.

Pas étonnant que si peu de gens puissent prier pendant toute une heure. Si vous n'êtes pas prêt à vous discipliner et à rester à l'intérieur, vous n'accomplirez jamais la souffrance de prier pendant des heures. Vous devez éprouver ce que c'est que de prier continuellement pendant une heure, trois heures, six heures, dix heures et douze heures.

Prier seul pendant des heures vous aide à accomplir les mêmes souffrances que Jésus.

Prier seul pendant des heures vous permet de faire l'expérience de la souffrance que Christ a enduré dans le jardin de Gethsémané.

5. Endurer des nuits blanches est un des accomplissements des souffrances de Christ.

Vous n'avez donc pu veiller une heure avec moi ?

Matthieu 26 : 40

Il existe un autre type de souffrance que vous devez endurer pour veiller et prier. Rester éveillé n'est pas un art facile. Je croyais que vous vouliez être un faiseur de miracles comme Jésus-Christ et diriger un ministère d'envergure mondiale ? Jésus a prié toute la nuit pour que la volonté de Dieu soit faite. Ses disciples dormaient tandis qu'Il endurait l'insomnie.

Après avoir enduré quelques heures d'insomnie, cela avait porté des fruits et Il était devenu l'Agneau de Dieu qui ôte les péchés du monde.

En quelques heures, les disciples qui ne pouvaient pas rester éveillés étaient devenus des traîtres et les déserteurs de Dieu !

6. Endurer la tristesse est un des accomplissements des souffrances de Christ.

Puis il leur dit : Mon âme est triste jusqu'à la mort : demeurez ici et veillez avec moi.

Matthieu 26 : 38

Le chagrin est un autre genre de souffrance que Dieu a permis à Jésus-Christ de traverser. Son âme était profondément attristée !

Éprouvez-vous de la tristesse ?

Avez-vous perdu votre bien-aimé ?

Votre famille s'est-elle déchirée ?

Votre monde s'est-il effondré du jour au lendemain après le départ d'un être cher ?

Quelle sorte de Dieu êtes-vous ?

Un pasteur dont la femme était morte subitement alors qu'elle avait la quarantaine m'a dit : « Je ne souhaiterais même pas ça à mon pire ennemi. » Sa femme avait été tuée dans un terrible accident de voiture.

Il m'a expliqué qu'il venait alors juste de terminer un jeûne de quarante jours.

« J'avais tant maigri pendant le jeûne que mon pantalon tombait.

Alors que je venais de finir le jeûne et que je priais pour que Dieu m'envoie un signe, ma femme fut tuée dans un accident bizarre. »

Il me raconta comment il avait levé les yeux vers le ciel en disant une prière qu'il n'avait jamais dite auparavant.

Il me dit : « J'ai levé les yeux au ciel et j'ai dit : *Quel genre de Dieu êtes-vous* ? Quel genre de Dieu êtes-vous ? Quel genre de Dieu êtes-vous ? »

Il savait que sa femme n'aurait pas pu mourir sans la permission divine du Seigneur. Il se demandait quel genre de Dieu voulait l'entendre prier et le voir jeûner pendant quarante jours pour ensuite tuer sa femme.

Mais il a réussi à traverser cette tragédie et a été en mesure de continuer à servir Dieu dans le ministère. Mais ce n'est pas le cas de tout le monde. Certaines personnes deviennent amères et ne réussissent pas à endurer la douleur de la tristesse. Il est important de croire que rien ne peut vous arriver sans que Dieu ne le permette. Le diable ne contrôle pas votre vie, Dieu oui.

Vous devez réussir à supporter le chagrin, l'obscurité, la douleur et le désespoir dans lesquels vous êtes tombés.

Vous ne devez pas devenir amer !

Vous ne devez pas menacer de devenir musulman à cause de vos malheurs !

Vous ne devez pas menacer de quitter le Seigneur ou le ministère !

7. Endurer l'abandon est un des accomplis-sements des souffrances de Christ.

Alors il se mit à faire des imprécations et à jurer, en disant, je ne connais pas cet homme. Et aussitôt le coq chanta.

Matthieu 26 : 74

L'abandon est un autre type de souffrance. Vous devez le vivre pour savoir ce que c'est que d'être abandonné de tous. Jésus-Christ a été abandonné par ses disciples. Plus personne ne semblait le connaître. Pierre réprimandait avec colère quiconque tentait de l'associer avec Christ.

« Je ne le connais pas et je ne veux pas le connaître ! Il est désormais seul. S'il veut mourir, c'est à lui de voir !

Nous avons essayé de le conseiller, mais il nous a appelés Satan. Nous avons essayé de le sauver dans le jardin, mais il n'a pas voulu. Il nous a même réprimandés devant les soldats. Vous ne pouvez pas vraiment aider quelqu'un d'obstiné quand il veut faire les choses à sa façon. Chacun pour soi !

Vous ne pouvez pas aider une personne obstinée si elle ne veut pas être aidée. »

Lorsque j'ai décidé de quitter mon cabinet médical pour me diriger vers le ministère, je me suis senti seul et abandonné de tous. Les gens pensaient que j'étais fou. Mon père m'a dit que je pouvais faire ce que je voulais. Mes beaux-parents pensaient que j'étais fou. Mes camarades de classe faisaient des commentaires à mon sujet et ils ont tous quitté le Ghana pour toujours, un par un.

Je me suis vraiment senti tout seul dans le ministère et dans la vie. Je savais que Dieu devait me sauver sinon je deviendrais la risée de la ville. Dieu m'a aidé et Il ne m'a pas abandonné, même si les hommes m'ont abandonné. Endurer l'abandon est un accomplissement spirituel important. La souffrance de la personne abandonnée est l'une des souffrances de Christ.

8. Endurer l'opposition des pécheurs est un des accomplissements des souffrances de Christ.

Considérez, en effet, celui qui a SUPPORTÉ CONTRE SA PERSONNE UNE TELLE OPPOSITION de la part des pécheurs, afin que vous ne vous lassiez point, l'âme découragée

Hébreux 12 : 3

L'une des choses les plus difficiles à endurer, c'est l'opposition des pécheurs. L'opposition des pécheurs donne des réponses négatives et mauvaises en réponse à vos bonnes actions.

C'est peut-être parce que certains ministres ne sont plus disposés à endurer l'opposition des pécheurs qu'ils ne restent plus dans le mariage difficile et démoniaque dans lequel ils se trouvent.

Les pasteurs se disent, alors qu'ils se préparent au divorce et à mettre fin à l'opposition dans leurs foyers : « Pourquoi devrais-je souffrir aux mains de cette sorcière, quand je rentre à la maison ? N'ai-je pas enseigné la parole de Dieu de tout mon cœur ? »

Pourquoi ne pourrais-je pas manger après toute une journée de jeûne et après avoir prêché pendant des heures ?

Pourquoi ne puis-je pas avoir des relations sexuelles excitantes après avoir résisté à toutes les autres femmes que j'ai rencontrées pour rester pur ?

Pourquoi devrais-je rester à la maison avec cette femme querelleuse et acariâtre quand il y a tant de femmes de la congrégation qui m'admirent et qui croient tellement en mon ministère ?

En effet, de nombreux ministres de l'Évangile reçoivent l'opposition des pécheurs dans l'intimité de leur foyer.

Mais c'est exactement ce que Christ a enduré. Alors qu'il avait prêché les plus beaux sermons sur l'amour, la douceur et la joie et guéri les aveugles et les sourds et muets, les foules de Jérusalem ont voté en masse pour l'exécuter.

En fait, il y a même pire que cela. Après avoir chassé les voleurs du temple, guéri les fous et ressusciter les morts, Jésus a été fait l'objet d'un vote dans lequel on l'a confronté avec un seul adversaire : un voleur à main armé qui était aussi un tueur à gages et un assassin notoire.

Barabbas a remporté les élections avec une écrasante majorité et a été gracié et libéré de prison tandis que Jésus-Christ a été envoyé à l'abattoir pour ses bonnes œuvres. Jésus leur demanda : « Pour laquelle de ces bonnes œuvres cherchez-vous à me tuer ? »

Il est temps de vous dire, « Je suis prêt à supporter l'opposition des pécheurs. » Il est temps de vous demander : « Pourquoi voulez-vous être heureux ? Pourquoi ne vous décidez-vous pas plutôt à être comme Jésus-Christ ? »

Dites-vous : « Je n'ai pas besoin d'être heureux dans cette vie. J'ai juste besoin d'être comme Jésus Christ et d'endurer l'opposition des pécheurs avec succès. »

9. Endurer les accusations est un des accomplis-sements des souffrances de Christ.

Les principaux sacrificateurs portaient contre lui plusieurs accusations [...] Et Jésus ne fit plus aucune réponse,

Marc 15 : 3-5

Jésus a été accusé de choses qu'il n'a jamais faites. Il a enduré avec succès les fausses accusations avec toutes les conséquences qu'elles impliquaient. Les accusations sont une des plus fortes pressions que peut subir un ministre de l'Évangile. Les accusations ont tendance à induire les gens en erreur. Un jour, un ministre de l'Évangile me dit : « Je ne supporte pas que l'on dise du mal de moi. »

Ce pasteur avait une église en plein essor, mais n'avait jamais fait l'objet d'accusations graves. Je lui assurai que les accusations feraient partie des choses auxquelles il fallait s'attendre.

Un jour, alors que je visitais un camp de missionnaires dans un pays étranger, je lui dis, « Un jour, quelqu'un va vous accuser d'avoir volé de l'argent. »

« Moi ? Voler de l'argent ? Après tout ce que j'ai abandonné pour venir ici ? »

Je lui assurai qu'il était sur le chemin de croix et que c'était juste une question de temps avant que quelqu'un ne l'accuse de vol.

Parfois, lorsque vous manquez d'expérience, vous ne pouvez tout simplement pas croire que vous ferez l'objet de certaines accusations.

10. Endurer la haine est un des accomplissements des souffrances de Christ.

Alors Pilate leur dit : Mais quel mal a-t-il fait ? Et ils crièrent encore plus fort : Crucifie-le.

Marc 15 : 14

Mais *cela est arrivé* afin que s'accomplît la Parole qui est écrite dans leur loi. Ils m'ont haï sans cause.

Jean 15 : 25

Il est difficile de vivre avec des gens qui vous haïssent. C'est une des raisons pour lesquelles les gens divorcent ou se séparent, parce qu'ils ne peuvent pas supporter de vivre sous le même toit que quelqu'un qui les déteste. Jésus Christ a enduré la haine des juifs. Ils l'ont assassiné parce qu'ils le haïssaient.

Un jour, des hommes m'ont accosté sur un terrain de golf. J'ai été absolument stupéfait car ils m'ont crié dessus et ont tenu des propos ouvertement haineux à mon égard. Alors que j'étais autorisé à jouer gratuitement puisque j'appartenais à un club apparenté, ils se sont ligués contre moi et m'ont fait payé l'adhésion au club. J'ai dû payer bien que personne d'autre dans le même cas n'eut à le faire.

Ils semblaient tout simplement ne pas aimer ma présence au club de golf.

À une autre occasion, un club de golf auquel j'appartenais avec d'autres pasteurs a changé son règlement afin que nous ne puissions plus bénéficier de certains avantages tarifaires. Ces règles nouvellement créées ne concernaient *que nous* et un ou deux autres joueurs ! Il n'était pas difficile de ressentir la haine et le dégoût qu'on nous témoignait.

Mais la haine est quelque chose que vous devez endurer si vous êtes un ministre de l'Évangile de Jésus-Christ. C'est un accomplissement que de réussir en dépit de la haine autour de vous.

11. Endurer la jalousie est un des accomplis-sements des souffrances de Christ.

Car il savait que les principaux sacrificateurs l'avaient livré par jalousie.
Marc 15 : 10

Jésus-Christ a été crucifié à cause de la jalousie. Comme nous sommes jaloux les uns des autres ! Le démon de la jalousie emplit les cœurs de nombreux pasteurs. Nous regardons avec envie par-dessus notre épaule et espérons entendre de mauvaises nouvelles à propos de quelqu'un qui réussit mieux que nous.

« Il va bientôt tomber, il va bientôt mourir, il aura bientôt de mauvaises nouvelles », pensons-nous, parce que nous sommes remplis de l'esprit de jalousie.

Ne vous découragez pas parce que vous ressentez un comportement prétentieux de la part des gens autour de vous. Vivre avec la jalousie fait partie de notre vocation. Parfois, les gens sont méchants avec vous parce qu'ils sont jaloux de vous.

12. Endurer le rejet des hommes est un des accomplissements des souffrances de Christ.

Alors ils ont crié de nouveau, en disant : Non pas lui, mais Barabbas. Or, Barabbas était un brigand.

Jean 18 : 40

La haine et la jalousie se traduisent souvent par le rejet. Avant d'être accepté, on souffre tout d'abord du rejet. Moïse a été rejeté par les Israélites avant d'être finalement accepté. Jésus-Christ a été rejeté par les Israélites et a ensuite été accepté comme le Sauveur par le monde entier. La souffrance du rejet doit être connue par tous ceux qui veulent être acceptés.

Vous n'aurez jamais de pouvoirs spirituels si vous n'avez pas été rejeté. Vous ne serez accepté qu'après avoir souffert le rejet.

13. Endurer le comportement décevant des hommes de pouvoir est un des accomplisse-ments des souffrances de Christ.

Des ce moment Pilate cherchait à le relâcher : mais les Juifs criaient : Si tu le relâches, tu n'es pas ami de César. Quiconque se fait roi, se déclare contre César.

Pilate ayant entendu ces paroles, amena Jésus dehors ; et il s'assit dans le sur le tribunal, au lieu appelé le Pavé, et en hébreu, Gabbatha.

Jean 19 : 12-13

Alors que vous vous élevez dans votre ministère, vous fréquenterez des rois et autres hommes de pouvoir. Les mensonges et l'hypocrisie de beaucoup de ces hommes d'autorité causent de grandes souffrances. Jésus Christ a souffert parce que ni Pilate, ni Hérode ne se sont battus pour la vérité.

Le mensonge, le complot et des motifs politiques ont guidé Pilate, Hérode et le Grand Prêtre jusqu'à ce qu'ils aient mis à mort le fils du Dieu vivant. Réussir à coexister et à vivre sous ce genre d'autorités fait partie de la souffrance de Christ. Jésus-Christ a réussi à supporter l'absurdité et l'hypocrisie des dirigeants laïques. Vous aurez besoin de la grâce de Dieu pour supporter ce genre de souffrance.

Travailler sous l'autorité d'hommes qui ne sont pas de bons dirigeants peut également conduire à beaucoup de souffrances. Il est difficile d'avoir un supérieur hiérarchique qui est incompétent, paresseux et lent. Parfois, Dieu veut que vous ayez à souffrir de difficultés aux mains du pouvoir. Jésus-Christ a souffert sous l'autorité d'hommes incompétents. Il n'a jamais été grossier envers l'un d'eux. Il n'a jamais insulté ou menacé. Il supportait tout sans broncher, comme s'il était un criminel de droit commun.

Pouvez-vous accomplir les souffrances de la vie et du travail sous la direction d'un incompétent et d'un incapable ?

14. Endurer la douleur est un des accomplisse-ments des souffrances de Christ.

Pilate, voulant satisfaire la foule, leur relâcha Barabbas ; et, après avoir fait battre de verges Jésus, il le livra pour être crucifié.

Marc 15 : 15

Endurer la douleur physique est l'une des souffrances de Christ. Il a enduré beaucoup de douleur pour nous. On peut se demander : « À quoi servent toutes ces punitions ? » En fait, de grandes choses sont accomplies dans l'Esprit lorsque vous souffrez pour Jésus-Christ. Paul, parlant de l'effet de la douleur a dit :

« Car voici cette même tristesse selon Dieu, quel empressement n'a-t-elle pas produit en vous : Quelle justification, quelle indignation, quelle crainte, quel désir ardent, quel zèle, quelle punition ! Vous avez montré en tous égards que vous étiez purs dans cette affaire. » (2 Corinthiens 7 : 11).

La souffrance de la douleur et le chagrin font ressortir votre crainte de Dieu. La souffrance vous rend zélé et vous conduit à purifier votre âme.

15. Endurer la moquerie est un des accomplisse-ments des souffrances de Christ.

Et ils lui frappaient la tête avec un roseau, crachaient sur lui, et fléchissant *leurs* genoux se prosternaient devant lui. Après s'être ainsi MOQUÉS DE LUI, ils Lui ont ôté la pourpre, lui remirent ses vêtements, et l'emmenèrent pour le crucifier.

Marc 15 : 19-20

Supporter le mépris des moqueurs est l'une des souffrances de Christ ! La moquerie est une chose terrible à supporter. Mais Jésus l'a endurée pour nous tous. Ne vous attendez pas à accomplir votre ministère sans que l'on se moque de vous.

J'ai été raillé quand j'ai fondé une église. Que font-ils ? Que construisent-ils ? Ça ne sert à rien ! J'ai été raillé pour avoir fondé des églises succursales. Ça ne marchera jamais, se sont-ils dits.

On s'est moqué de ma prédication ! On s'est moqué de ma vocation !

Les jours de miracles sont là

J'ai un jour lancé une émission de télévision que j'avais appelée « Les jours de Miracles sont là ». Un collègue ministre a bien rigolé quand il a entendu le nom de mon programme TV.

Il m'a dit : « *Pourquoi avez-vous appelé votre émission de télé « Les Jours de Miracles sont là »* ? Où sont-ils partis les jours de miracles ? Les jours de miracles ont toujours été là.

Ha ha ha ! Peut-être que vous n'avez jamais eu de miracles dans votre ministère. » Il y eut beaucoup de railleries de la part de ce ministre.

« Ha ha ha, Il n'a jamais eu de miracles dans son ministère. Les jours de miracles ont toujours été là.

Ha ha ha, Il pense que les miracles ont tout juste commencé à se produire. Mais ils sont là depuis toujours. Nous avons des miracles depuis des années.

Ha ha ha. Vous êtes un enseignant et un administrateur qui ne possède pas de pouvoirs réels. Les jours de miracles ont toujours été là ! »

Autant vous dire que je me sentais bête d'avoir lancé mon émission de télé.

Les hommes se sont moqués des succursales de mon ministère. « Vous n'avez que deux ou trois personnes et vous appelez ça une église ? Ce ne sont pas des églises, ce sont des cellules », raillaient-ils.

Les gens se sont moqués de mes livres en disant qu'ils étaient absurdes. Les gens se sont moqués de mes enseignements en disant qu'ils étaient inutiles.

Mais il n'est pas nécessaire d'être amer contre ces personnes. Dieu les utilise pour accomplir Sa volonté dans votre vie. Cela fait partie de votre destinée de devenir la risée de tout le monde et d'être ridiculisé. Vous êtes censé le supporter dans le cadre de vos grands accomplissements dans le ministère. Souffrir le mépris des moqueurs est l'une des souffrances de Christ !

16. Endurer le tourment psychologique d'une mort imminente est un des accomplissements des souffrances de Christ.

Mais nous voyons Jésus, qui a été fait un peu inférieur aux anges pour SOUFFRIR DE LA MORT, couronné de gloire et d'honneur; que par la grâce de Dieu, Il devait goûter la mort pour chaque homme.

Hébreux 2 : 9

Savoir que vous allez mourir est l'une des pensées les plus troublantes et psychologiquement dérangeantes. Nous savons tous que nous allons mourir un jour. Mais être sûre de mourir et savoir quand cela arrivera est une des souffrances les plus affreuses.

Personne ne sait ce que Jésus-Christ a traversé quand Il a marché en direction de Jérusalem. Il a dit, « Il est un baptême dont je dois être baptisé, et combien il me tarde qu'il soit accompli ! » (Luc 12 : 50).

Parfois, Dieu permet aux gens de mourir lentement afin de prendre conscience de leur fin, afin qu'ils deviennent humbles et qu'ils s'ouvrent à Lui. Parfois, une mort lente est une grâce qui nous permet de ne pas souffrir lors du jugement dernier.

Dans son livre, *L'ultime assaut*, Rick Joyner fait référence à des ministres qui avaient connu une mort lente qui était en quelque sorte une grâce destinée à les rendre humbles et à les amener à la repentance avant leur mort.

La mort imminente peut être le genre de souffrance que vous êtes appelé à supporter. Jésus Christ a vécu cela pour nous.

17. Supporter la faiblesse est un des accomplisse-ments des souffrances de Christ.

Lorsqu'ils sortirent, ils rencontrèrent un homme de Cyrène, appelé Simon; ils le forcèrent à porter la croix de Jésus.

Matthieu 27 : 32

Être apparemment faible est l'une des souffrances de Christ. Un jour, notre église a subi des attaques émanant de certains éléments de la communauté. Nous sommes devenus la risée des églises qui pensaient que nous étions des poules mouillées, incapables de défendre nos droits et incapables de nous défendre nous-mêmes.

Un pasteur qui nous rendait visite nous demanda si nous avions beaucoup prié. Il ne voyait pas comment de telles choses pouvaient nous arriver si nous étions spirituellement puissants.

Il me parla alors d'un pasteur qui avait décrété que tous ceux qui les attaqueraient paieraient de leur vie.

Ce pasteur avait déclaré hardiment : « une brique pour une vie. »

Cette déclaration avait suffi à empêcher toute agression contre l'église. J'écoutais attentivement ces exhortations, mais je me sentais encore plus faible et incapable. Je n'avais pas été en mesure de déclarer « une brique pour une vie. » Beaucoup de mes briques avaient été brisées et emportées et aucun de nos ennemis n'était mort.

En fait, nos ennemis étaient devenus plus forts, plus gras et semblaient être en meilleure santé. J'avais l'impression d'être un pasteur faible et sans défense.

Mais la faiblesse fait partie de la souffrance que Dieu veut pour vous. Jésus-Christ a été faible quand il a porté la croix. C'est pourquoi Simon de Cyrène fut appelé à aider le Christ.

Tout n'est pas perdu parce que vous semblez faible et sans défense. Jésus-Christ était faible et impuissant sur la croix. C'est l'une des souffrances de Christ et cela fait peut-être partie des souffrances que vous avez à accomplir.

18. Endurer l'impuissance persistante est un des accomplissements des souffrances de Christ.

Il a sauvé les autres ; lui, il ne peut pas se sauver Lui-même. S'il est le roi d'Israël, qu'il descende de la croix, et nous croirons en lui.

Matthieu 27 : 42

Nous aimons exercer de l'autorité et nous montrer capables de résoudre tous les problèmes. Il existe cependant un endroit où vous êtes incapable de faire quoi que ce soit. C'est l'endroit même de l'impuissance. Vous avez peut-être réussi à sauver la situation à de nombreuses reprises, mais il existe des situations auxquelles vous ne pourrez rien changer.

Une nuit, alors que je traversais une période d'impuissance, je partis me promener en voiture à travers la ville en écoutant de la musique triste. À côté de moi se trouvait une veuve dont le mari venait de mourir. J'essayais de lui parler et de lui redonner courage. J'aurais tellement voulu ramener son mari à la vie et le lui ramener. Je me sentais impuissant et inutile alors que je citais les Écritures et lui racontais comme son mari devait être en train de profiter des gloires du ciel à cet instant même.

Maintes et maintes fois j'eus envie de faire quelque chose de concret qui pourrait tout changer pour elle. Mais j'étais tout simplement impuissant et incapable de changer quoi que ce soit.

Je ne pouvais pas changer ce qui était arrivé.

Dieu a créé un lieu d'impuissance afin que nous puissions savoir ce que c'est que d'être incapable de changer quoi que ce soit. C'est un endroit dans lequel vous devez sombrer afin de remonter à nouveau. Le lieu de l'impuissance !

Vous devez y survivre ! Endurer l'impuissance est l'une des souffrances de Christ. Puissiez-vous être fort le jour où vous serez impuissant.

19. Endurer des insultes est un des accomplisse-ments des souffrances de Christ.

Les passants l'injuriaient et secouaient la tête, en disant : Hé ! Toi *qui détruit* le temple, et qui le rebâtis en trois jours, sauve-toi toi-même, en descendant de la croix. Les Principaux sacrificateurs aussi, avec les scribes se moquaient entre eux, en disant ; Il a sauvé les autres et il ne peut se sauver lui-même ! Que *le Christ*, le roi d'Israël, descende maintenant de la croix afin que nous voyions et que nous croyions ! Ceux qui étaient crucifiés avec lui l'INSULTAIENT aussi.
Marc 15 : 29-32

Endurer les insultes est l'une des choses que Jésus Christ a souffertes pour nous. Préparez-vous à subir les mêmes choses si vous voulez le suivre. Avez-vous été insulté pour ce en quoi vous croyez ?

C'est un accomplissement de recevoir des insultes au nom de Christ. Un jour, un jeune homme m'a insulté sauvagement pendant plusieurs minutes. J'ai remercié Dieu d'avoir connu les insultes et les injures au nom de Christ.

Une autre fois, quelqu'un m'a insulté pendant environ 30 minutes. Cette nuit-là, j'ai reçu une bonne dose d'insultes, d'injures et de malédictions.

J'étais abasourdi que cet ami chrétien m'insulte en raison de la position que j'avais adoptée pour le Seigneur.

Peut-être comptez-vous les pays dans lesquels vous avez prêché. Alors que vous devenez plus mature, vous compterez également le nombre de fois où vous avez été insulté au nom de Christ. Endurer les insultes est un des accomplissements que vous devez atteindre.

20. Endurer la honte est un des accomplissements des souffrances de Christ.

Ayant les regards sur Jésus, le chef et le consommateur de notre foi, qui, en vue de la joie qui lui était réservée, a souffert la croix, méprisé l'ignominie, et s'est assis à la droite du trône de Dieu.

Hébreux 12 : 2

La honte de la croix fait partie des souffrances de Christ. Dieu vous permettra peut-être de connaître la honte dans le cadre des accomplissements qu'il vous réserve. Mépriser la honte est un art que vous devez apprendre. Accepter la honte est l'une des souffrances que vous aurez peut-être à vivre au nom de votre ministère.

Avez-vous honte de l'Évangile ?

Avez-vous honte de Jésus-Christ ?

Avez-vous honte de prier en langues ? Vous sentez-vous ridicule lorsque vous priez en langues ?

Avez-vous honte du ministère ? Pensez-vous qu'il est trop petit ?

Avez-vous honte de votre église ?

Avez-vous honte de votre situation ?

Avez-vous honte du travail que Dieu vous a donné ?

N'oubliez pas : endurer la honte et l'embarras est l'une des souffrances de Jésus-Christ.

21. Devenir vulnérable est un des accomplisse-ments des souffrances de Christ.

Ils lui donnèrent à boire du vin mêlé de fiel : et quand il eut goûté, il ne voulut pas boire.
Matthieu 27 : 34

Devenir vulnérable est l'une des souffrances de Christ. Beaucoup de gens ne veulent pas entrer dans le ministère parce qu'ils ne veulent pas être vulnérables. Ils ne veulent pas que leur vie dépende de la dîme et des offrandes.

Être dans le ministère vous ouvre à des gens qui peuvent vous blesser. Les gens que vous aimez peuvent se retourner contre vous et vous blesser. Dans le ministère, vous devenez vulnérable parce que vous vous exposez à des gens que vous n'auriez sinon jamais rencontrés.

Lorsque vous prêchez, les gens connaissent tout de vous, alors que vous savez peu de choses d'eux. Une bonne prédication vous rend toujours vulnérable parce que vous partagez les détails de votre vie depuis votre pupitre.

Jésus-Christ est devenu vulnérable aux juifs, aux Romains et aux méchants. Il l'a fait parce qu'il nous aimait. Il est venu du ciel à la terre et s'est exposé à cause de nous. Devenir vulnérable s'inscrit dans le cadre de l'appel au sacrifice. Devenir vulnérable est l'une des souffrances de Jésus-Christ.

22. Endurer la déchéance est une réalisation des souffrances de Christ.

Avec lui furent crucifiés deux brigands, l'un à sa droite et l'autre à sa gauche
Matthieu 27 : 38

La déchéance est l'une des souffrances de Christ. Jésus Christ a enduré la souffrance d'être dégradé. Jésus-Christ a été réduit à un simple voleur. Son association avec des voleurs a fait penser à tout le monde que Jésus Christ était lui aussi un voleur.

Pour accomplir la volonté de Dieu, vous aurez à accepter de baisser dans l'estime d'autrui. Si vous êtes très préoccupé par ce que les gens pensent, vous rejetterez constamment la souffrance de Christ.

J'ai été médecin. On me témoignait beaucoup de respect lorsque je faisais partie de cette noble profession. En devenant un pasteur, j'ai perdu ce respect. J'avais rejoint un groupe qui avait une réputation très discutable dans la communauté. J'étais maintenant pasteur et beaucoup de gens considéraient que les pasteurs étaient des voleurs qui fondent des églises juste pour prendre l'argent des gens.

Un jour, j'assistais à un enterrement dans ma ville. Tandis que je garais ma voiture, quelques spectateurs ont commencé à avoir une discussion à mon propos.

L'un d'eux dit à son ami : « Je pense que je vais aussi fonder une église. »

Son ami lui a demandé pourquoi.

« Comme ça, je pourrais avoir la même voiture que lui. » Il continua, « Avoir une église, c'est très lucratif. Si je deviens pasteur, j'aurais aussi une voiture comme ça. »

J'ai été surpris par la façon de penser de ces commères. De toute évidence, ils n'avaient aucune idée de ce que cela représentait vraiment d'être pasteur ou d'avoir une église.

Connaître la déchéance fait partie des souffrances de Christ. Les gens n'auraient pas fait de tels commentaires si j'avais été cardiologue. Mais vous ne pouvez pas maintenir vos airs de bourgeois si vous vraiment voulez suivre Jésus-Christ.

23. Endurer la tromperie et le vol est un des accomplissements des souffrances de Christ.

Les soldats, après avoir crucifié Jésus, prirent ses vêtements et firent quatre parts, une part pour chaque

> **soldat, ils prirent aussi sa tunique qui était sans couture : d'un seul tissu depuis le haut jusqu'en bas.**
>
> Jean 19 : 23

Être trompé est l'une des souffrances de Christ. L'injustice, le vol et les mauvais traitements sont des souffrances vécues par Jésus pour notre salut. Jésus Christ a enduré la souffrance d'être trompé et volé. Être trompé et volé est une souffrance que tout chrétien doit connaître. Cela fait partie des souffrances de Christ. Vous n'arriverez pas à grand-chose dans le ministère si vous n'êtes pas prêt à être trompé ou volé.

Vouloir défendre vos droits vous tiendra toujours à l'écart de la véritable abondance. Refuser d'être trompé vous empêchera toujours de vous rendre utile au ministère.

24. Endurer une douloureuse séparation est un des accomplissements des souffrances de Christ.

> **Jésus, voyant sa mère et auprès d'elle le disciple qu'il aimait, dit à sa mère: Femme, voilà ton fils ! Puis il dit au disciple : Voilà ta mère ! Et dès ce moment, le disciple la prit chez lui.**
>
> Jean 19 : 26-27

La mort sépara Jésus-Christ de sa mère et des gens qu'il aimait. Être séparé de ses proches déchire le cœur. Il est douloureux de renvoyer des gens que vous aimez. Les missionnaires ne sont pas envoyés en mission parce que les églises ont envie de se séparer d'eux.

Sans la douleur de la séparation, de nombreux fruits ne verront jamais le jour.

Il existe de nombreux ministères qui sont stériles car ils ne veulent pas passer par la douleur de la séparation qui leur permettrait de porter des fruits.

Ne résistez pas à la souffrance de la séparation. Grâce à ce genre de souffrance, vous accomplirez la volonté de Dieu.

25. Endurer la désolation et la solitude est un accomplissement des souffrances de Christ.

Et à la neuvième heure, Il leur dit, mon âme est triste jusqu'à la mort ; restez ici et veillez, Eloï, Eloï, lama sabachthani ? Ce qui signifie : Mon Dieu, mon Dieu, pourquoi m'as-tu abandonné ?

Marc 15 : 34

La souffrance de la solitude est l'une des souffrances de Christ. Certains abandonnent leur vocation, parce qu'ils se sentent seuls. J'ai connu des gens célibataires qui ont abandonné leur ministère en échange d'un mariage parce qu'ils ne supportaient plus d'être seuls. La solitude est bien sûr une forme de souffrance.

Jésus était seul sur la croix. Il regarda partout pour voir si Ses amis, Ses disciples, avaient également été crucifiés, mais ses disciples s'étaient enfuis et restaient introuvables. Ils déjeunaient chez eux tandis que Jésus gisait mourant sur la croix.

Quand Jésus a regardé à sa droite et à sa gauche, il a vu les voleurs. Quand il a regardé en bas, il a vu les méchants soldats romains se partager ses vêtements.

Il n'était pas été habitué à une telle compagnie. Il avait l'habitude d'être avec Ses disciples, sa mère, Marie de Magdala, etc.

La crucifixion l'avait isolé et l'avait séparé de tout et de tous ceux qu'il connaissait. Votre vocation vous isolera d'une certaine façon et vous connaitrez une existence solitaire.

Souvent, il n'y a que très peu de gens qui comprennent ce que vous faites. Ne vous plaignez pas parce que vous êtes seul. Cela s'inscrit dans le cadre de l'appel de Dieu sur votre vie. La souffrance de la solitude est l'une des souffrances de Christ.

26. Endurer le moment de votre mort est un accomplissement de la passion de Christ.

Mais Jésus ayant poussé un grand cri, expira.

Marc 15 : 37

Et ayant paru comme un simple homme, IL S'EST HUMILIÉ LUI-MÊME, se rendant obéissant jusqu'à la mort, MÊME JUSQU'À LA MORT DE LA CROIX.

Philippiens 2 : 8

Le moment de la mort va de pair avec la douleur. Parfois, la douleur est brève et, parfois, elle dure plus longtemps. Que vous mouriez sur la chaise électrique, par pendaison ou par injection létale, le moment de la mort est effrayant.

Beaucoup de gens ont enduré ce moment en raison de leur foi en Jésus-Christ. Ils ont gardé la foi et ont permis à leur vie de disparaître au nom de leur foi. C'est un accomplissement grandement récompensé par le Seigneur. Vous ne mourrez pas pour Lui en vain.

Une mort insensée ?

J'avais un ami soldat qui avait voyagé partout dans le monde pour l'armée. Il m'a raconté que les soldats de la paix dans certains pays ouest-africains avaient commencé à faire des affaires -conduire des taxis ou faire le commerce de diamants. Il m'a dit que ces soldats n'étaient pas désireux de faire les frais des tirs croisés des deux adversaires en guerre.

« Je pensais qu'ils étaient des soldats professionnels », lui ai-je dit.

« Oui, ils le sont, mais ils ne veulent pas mourir d'une mort insensée », répondit-il.

« Qu'est-ce qu'une mort insensée ? », lui demandai-je.

« Une mort insensée, c'est mourir pour une cause stupide ! »

Je réfléchissais à cette expression, « une mort insensée ».

J'avais déjà entendu quelqu'un dire : « Tous les morts sont morts ! », ce qui signifie que toutes les morts se valent. La mort est la mort, en d'autres termes !

Mais il y a bien des morts qui n'ont pas de sens. C'est pourquoi toutes les morts ne se valent pas. Mourir à cause de votre foi en Jésus-Christ n'est pas une mort insensée. C'est une mort honorable avec beaucoup de grandes récompenses. Vous serez récompensé de la souffrance que vous avez connue au moment de la mort.

Section 3
SACRIFIER

Chapitre 7

Comment le sacrifice libère de la puissance

Car la prédication de la croix est une folie pour ceux qui périssent ; mais pour nous qui sommes sauvés, ELLE EST UNE PUISSANCE DE DIEU.
1 Corinthiens 1 : 18

Chaque sacrifice libère de la puissance ! La prédication de la croix est la prédication du sacrifice. C'est aussi la prédication de la puissance. En tant que chrétiens, nous devons prêcher hardiment la croix et sa signification.

La Bible nous dit dans le verset ci-dessus que la prédication du Christ est une folie pour ceux qui périssent mais que pour nous, c'est la puissance de Dieu.

Chaque Sacrifice libère une puissance spirituelle ! Cela explique pourquoi de nombreux rituels démoniaques impliquent une sorte de sacrifice. Divers animaux et parfois des êtres humains sont sacrifiés dans le cadre de rituels destinés à libérer de la puissance. Les occultistes font des sacrifices. Les personnes qui cherchent la puissance spirituelle sont toujours invitées à sacrifier quelque chose.

Le roi de Moab a sacrifié son fils quand il a vu qu'il perdait une bataille contre les Israélites : Le roi de Moab, voyant qu'il avait le dessous dans le combat, prit avec lui sept cents hommes tirant l'épée pour se frayer un passage jusqu'au roi d'Edom ; mais ils ne purent pas.

IL PRIT ALORS SON FILS PREMIER NÉ, QUI DEVAIT RÉGNER À SA PLACE, ET IL L'OFFRIT EN HOLOCAUSTE SUR LA MURAILLE. Et une grande indignation s'empara d'Israël, qui s'éloigna du roi de Moab et retourna dans son pays.
2 Rois 3 : 26-27

Ce sacrifice repoussa les armées qui approchaient. Une puissance a été libérée en sacrifiant le fils du roi. Cela a sauvé la vie du roi et la vie de son peuple. Le sacrifice dégagera toujours de la puissance. Apprenez ce principe — *le sacrifice libérera toujours de la puissance.*

Les Israélites ont mis Dieu en colère parce qu'ils ont sacrifié leurs enfants aux idoles pour le pouvoir :

ILS SACRIFIÈRENT LEURS FILS ET LEURS FILLES AUX IDOLES, Ils répandirent le sang innocent, Le sang de leurs fils et de leurs filles, Qu'ils sacrifièrent aux idoles de Canaan, Et le pays fut profané par des meurtres.

Psaume 106 : 37-38

Beaucoup de pasteurs et de dirigeants d'églises sont impuissants parce qu'ils ne font pas de sacrifices au Seigneur et n'ont aucune intention d'en faire.

Il y a bien longtemps, l'Église Suisse était très puissante. Elle envoyait des missionnaires au Ghana, même s'ils ne parlaient pas les langues ghanéennes. Un de ces missionnaires, appelé Johann Riis traduisit la Bible en Twi, l'un des dialectes les plus parlés au Ghana. Il traduisit également 6 000 proverbes Twi en anglais.

Aujourd'hui, il y a encore des Suisses qui parlent couramment le Twi. Ils sont les descendants des premiers missionnaires.

Si je voulais envoyer certaines personnes dans certains endroits en tant que missionnaires, il y aurait un tollé. C'est pourquoi il n'y a pas de puissance dans nos ministères. Il n'y a de puissance que lorsqu'il y a sacrifice !

Beaucoup d'énergie est libérée, par exemple, lorsque nous jeûnons. C'est parce qu'un sacrifice est fait lorsque nous jeûnons. Jeûner, c'est sacrifier nos repas. Quand les personnes abandonnent quelque chose pour le ministère, une puissance est libérée.

À ses débuts, l'Église était si puissante. Plus ils étaient martyrisés, plus ils devenaient forts. Toutefois, lorsque l'Église a été acceptée officiellement à Rome, elle a perdu sa puissance. Cette acceptation a supprimé l'obligation de sacrifice et a donc affaibli l'Église.

Le pouvoir de l'Église s'en trouve augmenté lorsqu'il y a de l'opposition et la nécessité de faire de nombreux sacrifices.

Trois types de puissance libérée par le sacrifice

a. La puissance qui fait que les personnes vous suivent.

Il y a une aura autour de celui qui fait de grands sacrifices. Il est respecté et tenu en haute estime par les personnes qui l'entourent. Les gens voient cette personne faire des choses qu'ils ont peur d'aborder. Cela inspire confiance et encourage les disciples à faire de même.

Regardons les choses en face : Combien de politiciens démocratiquement élus sont prêts à mourir pour ce en quoi ils croient ? Certains d'entre eux ne croient même pas en leurs propres discours. Ils lisent des discours écrits pour eux et font de fausses promesses. Parfois, certaines de ces personnes sont tellement irréelles que j'en suis stupéfait. Elles parlent rarement spontanément. N'est-ce pas vrai ?

b. Le pouvoir de convaincre les personnes.

Vous êtes-vous déjà demandé pourquoi certaines personnes sont si peu convaincantes ? Personne ne veut entendre ce qu'ils ont à dire. Vous êtes-vous demandé pourquoi certains pasteurs ont une toute petite congrégation (disciples) ? De nombreux politiciens prétendent aimer leur pays. Ils parlent de leur sollicitude pour leur pays lors de rassemblements politiques et de conférences de presse. Malheureusement, beaucoup de gens ne les croient pas.

Pensez à Jésus. Il n'a jamais écrit un seul livre ni jamais publié d'article. Il n'a jamais fait de campagne électorale ni demandé qu'on le soutienne. En fait, Il a constamment dit aux gens de ne pas révéler les bonnes choses qu'Il avait faites pour eux. Il n'a jamais voyagé à plus de trois cents kilomètres de Sa ville natale. Il n'a jamais prêché à la télévision ou à la radio. Il n'a pas fondé d'institutions à Sa mémoire ! Son image n'a jamais été sur un panneau d'affichage et Il n'a jamais possédé de voiture.

Pourtant, le monde entier L'a suivi. Deux mille ans ont passé et des millions de personnes croient encore en Lui. Des milliers de personnes se convertissent à Lui tous les jours et certains sont prêts à mourir pour Lui aujourd'hui.

Quelle est la raison de la durabilité de Son ministère ? La réponse est simple. Le sacrifice ! Le sacrifice de Sa vie sur la croix a été l'acte spirituel le plus important que Jésus ait accompli sur la terre. Il a prêché, enseigné et guéri les malades. Cependant, le fruit éternel a été produit quand Il a donné Sa vie sur la croix.

Vous êtes-vous déjà demandé pourquoi Jésus n'est pas resté ici bas plus de 33 ans ? Pourquoi, quand Il a été menacé, n'est-Il pas parti vers le Maroc, l'Algérie, la Macédoine ou l'Égypte ? Pourquoi n'a t-Il pas prêché quelques années de plus ? N'y avait-il plus de bonnes œuvres qu'Il pouvait accomplir sur terre ?

Ce que nous devons retenir ici, c'est que l'obéissance et le sacrifice porteront des fruits plus éternels que ne le feront nos autres œuvres bienfaisantes. Ce sacrifice pour l'humanité a produit tant de puissance pour la terre.

C'est pourquoi des millions de personnes de toutes nations croient en Lui et Le suivent. C'est pourquoi Jésus S'offre Lui-même en sacrifice sur la croix. Le sacrifice sur la croix a été la clé permettant de libérer la puissance nécessaire au salut. En aucune mesure, la prédication ou l'enseignement ne pourraient remplacer ce qui a été accompli sur la croix.

c.   **Le pouvoir d'amener des personnes à s'engager.**

Mais ces choses qui étaient pour moi des gains, je les ai regardées comme une perte, à cause de Christ. Et même je regarde toutes choses comme une perte, à cause de l'excellence de la connaissance de Jésus Christ

> mon Seigneur, pour lequel j'ai renoncé à tout, et je les regarde comme de la boue, afin de gagner Christ.
>
> Philippiens 3 : 7-8

Beaucoup de grands hommes et de grandes femmes ont tout quitté pour suivre Jésus. Kathryn Kuhlman a dû quitter son mari. Peu de femmes seraient prêtes à quitter leur mari.

Dans l'une des biographies de Kathryn Khulman, l'auteur parle de la façon dont il a abordé le sujet du mariage de Kathryn. Il dit qu'ils étaient seuls dans une pièce quand il lui posa des questions sur ce chapitre de sa vie. Chose très rare, elle se mit à parler de son ex-mari et de ce qu'il lui en avait coûté de le quitter.

Tout à coup, la puissance de Dieu s'engouffra dans le bureau. L'auteur explique qu'il pouvait à peine tenir debout. Il a dit que la présence de Dieu était dans la pièce avec tant de force qu'il avait dû la quitter. *Un sacrifice libère toujours de la puissance.* Parfois, le simple fait de parler du sacrifice libère de la puissance.

Je vécus un jour une expérience étrange quand la sainte présence de Dieu entra dans mon bureau. J'étais en conversation avec deux autres pasteurs quand l'onction entra dans la pièce. Nous savions tout d'un coup tous les trois que quelqu'un était entré. Nous sentions tous qu'Il était debout près de nous. Ces choses sont réelles. Je n'avais jamais vécu telle expérience.

Nous possédons tant de connaissances et faisons si peu de sacrifices. Il existe une puissance prête à éclater dans notre vie dès que nous aurons fait un sacrifice. Vous serez surpris de voir combien de personnes s'engageront pour votre cause si vous faites un sacrifice.

Les gens vous prennent-ils au sérieux ?

Une fois, je demandai à quelques pasteurs : « Vous prêchez les mêmes messages que moi, n'est-ce pas ? » Puis je leur demandai : « L'impact de votre message est-il ressenti ? » Ils me regardèrent en silence.

Je continuai : « C'est parce que vous n'avez renoncé à rien pour ce que en quoi vous croyez que les gens ne vous prennent pas au sérieux. Vous dites peut-être la même chose que moi, mais si vous ne payez pas le prix, vous ne créerez jamais l'impact dont vous avez besoin. »

De nombreux prédicateurs ne sont pas pris au sérieux. Beaucoup de leurs déclarations sont ignorées. Mais tout change lorsque quelqu'un paie le prix. Chaque situation change à l'instant où le sang coule.

Il fut un temps où notre église était attaquée. Les gens de la communauté nous étaient hostiles. Mes jeunes gens voulaient se défendre et tuer les envahisseurs. Ils voulaient que nous nous armions et lancions des contre-attaques. Mais je savais que si quelqu'un était tué dans l'affrontement, l'intensité et la gravité du conflit allaient changer à jamais. Nous ne voulions pas faire couler le sang. C'est la raison pour laquelle nous n'avons pas combattu à l'époque où notre église a été attaquée. Macbeth a dit, « Le sang appelle le sang ! » Jésus a dit : « car tous ceux qui prendront l'épée périront par l'épée. »

La gravité d'une situation change dès qu'une vie est sacrifiée. S'il n'y a pas de sacrifice, il n'y aura pas de puissance. Vous aurez beau avoir beaucoup de doctrines et d'idées, sans sacrifice vous n'aurez aucune puissance dans votre ministère.

Vous devriez venir au Seigneur et Lui demander s'il y a quelque chose qu'Il attend de vous. Vous devez vous donner à Lui en sacrifice vivant. Il ne peut y avoir puissance sans sacrifice. Les sacrifices libèrent la puissance de Dieu dans votre vie.

Quand il y a sacrifice, il y a puissance. C'est pourquoi les kamikazes ont un tel impact dans le monde d'aujourd'hui. On pourrait penser que ces actes terroristes éloigneraient les personnes de leur religion. Au contraire, ils suscitent plus d'engagements. Le sacrifice attire plus d'adeptes.

Dieu m'a dit qu'Il m'avait appelé à créer des églises. Il m'a demandé d'envoyer des gens aux quatre coins du monde pour créer des églises. Le Seigneur m'a dit que plusieurs personnes répondraient à cet appel. Il m'a dit de ne pas m'inquiéter de la vie des gens, mais de sacrifier mes meilleurs fils et filles sur les champs de récolte. Laissez-moi vous dire que beaucoup ont répondu et nous faisons de grandes choses pour le Seigneur.

Dieu va vous amener à faire des sacrifices. Il changera peut-être votre vie et tout ce qui vous concerne. Il va vous demander de renoncer à certaines choses, et si vous le faite, vous serez témoin de Sa puissance. Lorsque vous parlerez, vos paroles seront prises au sérieux en raison des sacrifices que vous avez faits.

Chapitre 8

Les ennemis du sacrifice

Attendu que le sacrifice libère tant de puissance, les ennemis de Dieu ont, historiquement, toujours lutté contre la notion de sacrifice. Lorsque vous faites un sacrifice au Seigneur, vous semblez souvent faire quelque chose de stupide. Vous sombrez dans la douleur, mais vous approchez de la victoire.

Sans surprise, le diable a réussi à maintenir les croyants aussi loin du sacrifice que possible. L'Antéchrist, Pharaon et Satan lui-même se sont tous impliqués pour vous empêcher d'avoir de telles idées. Il est temps pour les chrétiens de savoir que le pouvoir se trouve juste au-delà de la croix.

Les trois ennemis du sacrifice

> **De l'une d'elles sortit une petite corne, qui s'agrandit beaucoup vers le midi, vers l'orient, et vers le plus beau des pays. Elle s'éleva jusqu'à l'armée des cieux, elle fit tomber à terre une partie de cette armée et des étoiles, et elle les foula.**
>
> **Daniel 8 : 9-10**

Le prophète Daniel a prophétisé sur une petite corne, dont l'ascension souilla le temple. Il fait référence au règne d'Antiochus Épiphane. Il s'est fait l'ennemi des juifs. Il a profané le temple, est entré dans le sanctuaire, et a emporté l'autel d'or. Il a mis fin au sacrifice quotidien, a instauré l'abomination de la désolation sur l'autel (une idole) et a appelé le temple de Salomon « temple de Jupiter Olympien ». Cet homme, une sorte d'Antéchrist, ne voulait pas que le peuple de Dieu sacrifie à son Dieu.

1. **L'Antéchrist est le premier ennemi du sacrifice.**

> **L'armée fut livrée avec LE SACRIFICE PERPÉTUEL, à cause du péché; la corne jeta la vérité par terre, et réussit dans ses entreprises.**
>
> **Daniel 8 : 12**

> **Des troupes se présenteront sur son ordre ; elles profaneront le sanctuaire, la forteresse, ELLES FERONT CESSER LE SACRIFICE PERPÉTUEL, et dresseront l'abomination du dévastateur.**
>
> **Daniel 11 : 31**

Vous remarquerez que l'une des choses que fait l'Antéchrist est de mettre fin au sacrifice perpétuel. Il empêche les gens de sacrifier à Dieu. Que ce soit bien clair ! Les ennemis de Dieu sont contre le fait que vous obéissiez à Dieu et Lui consacriez votre vie.

L'Antéchrist prévaudra par la paix. Il sera coulé dans le moule d'Hitler, mais sera encore plus avisé. Il ne prospérera pas par la guerre, mais par la paix. Il gagnera et réussira. Il viendra au nom de la paix, parlera de paix, et tout le monde pensera qu'il est Dieu. Mais ce qu'il fera de plus significatif, c'est empêcher les gens de sacrifier à Dieu.

Sa puissance s'accroîtra, mais non par sa propre force; il fera d'incroyables ravages, il réussira dans ses entreprises, il détruira les puissants et le peuple des saints.

> **À cause de sa prospérité et du succès de ses ruses, il aura de l'arrogance dans le cœur, il fera périr beaucoup d'hommes qui vivaient paisiblement, et il s'élèvera contre le chef des chefs; mais il sera brisé, sans l'effort d'aucune main.**
>
> **Daniel 8 : 24-25**

Quand l'esprit de l'Antéchrist est à l'œuvre, il vous empêche de sacrifier à Dieu. *Antéchrist signifie anti-Dieu et anti-Dieu signifie anti-sacrifice !* Un des objectifs du diable est de vous empêcher de sacrifier à Dieu ! L'Antéchrist est contre le fait que vous alliez à l'église, et que vous consacriez votre argent, votre temps et votre vie à l'œuvre de Dieu. Cette voix dans votre vie est la voix de l'Antéchrist. La Bible dit que l'Antéchrist viendra et empêchera le peuple de sacrifier à Dieu. Je veux que vous sachiez que, quand Dieu vous appelle à renoncer à quelque chose ou à faire quelque chose pour lui, *l'esprit de l'Antéchrist* vous dira de ne pas le faire.

La désolation dans le ministère

J'entendis parler un saint ; et un autre saint dit à celui qui parlait : Pendant combien de temps s'accomplira la vision sur le sacrifice perpétuel et sur le PÉCHÉ DÉVASTATEUR ? Jusques à quand le sanctuaire et l'armée seront-ils foulés ?

Daniel 8 : 13

Le renoncement au sacrifice est décrit comme le péché de la désolation. Désolation signifie : *démuni, stérile, vide, oublié, sombre, rejeté et abattu*. Le péché de la désolation est ce qui arrive quand le sacrifice disparaît de l'église.

Nous ne pouvons pas construire plus d'églises si les gens ne sont pas prêts à sacrifier. Des personnes ont fait des sacrifices afin que nous soyons chrétiens aujourd'hui. Ils nous ont permis de connaître le Seigneur. *Lorsque personne ne fait de sacrifice, l'église est délaissée.*

Les gens ont trouvé notre église très bizarre quand nous avons envoyé des missionnaires en Afrique. Il semblait que nous étions en train de détruire la vie de jeunes couples prometteurs. Les parents se sont battus contre cela de toutes leurs forces. Pourtant, cela n'aurait pas dérangé ces mêmes parents si l'ONU avait donné à leurs enfants un emploi dans une zone de guerre.

Lutter dans le soleil

Un jour, je priais en la présence de Dieu. J'attendais également un important appel téléphonique, alors j'avais mon téléphone. (ce qui n'est d'habitude pas le cas lorsque je prie). Le téléphone se mit à sonner. C'était un de mes pasteurs laïcs.

Immédiatement après lui avoir parlé, j'eus une vision. Je vis cette même personne marcher dans le désert. Il suait à grosses gouttes et se débattait dans la chaleur du soleil. Je sus immédiatement qu'il était en difficulté dans son travail séculier. Le Seigneur me montrait que ce pasteur laïc n'était pas là où il était censé être. Je l'appelai donc et lui dis : « Pasteur, vous êtes au mauvais endroit. Il est temps de tout abandonner pour Jésus.

Vous êtes appelé à servir dans la maison du Seigneur. Vous êtes un prêtre. »

Il répondit : « Monsieur l'Évêque, c'est vrai, je lutte tous les jours au travail. Je sais que je suis perdu. Je viens. » Ce fut la fin de sa carrière laïque. Aujourd'hui, il exerce à plein-temps un ministère fructueux.

Il ne m'a pas été facile de parler à ce pasteur laïc. J'étais intimidé parce qu'il avait un bon emploi qui lui rapportait beaucoup d'argent. Satan et l'Antéchrist s'opposaient tous deux à ce que je parle de ministère à plein temps à ce jeune homme.

Votre vie sera triste si vous renoncez au sacrifice que vous devez faire pour Dieu !

Puissent la désolation et la stérilité disparaître de votre église et de votre ministère !

2. Judas Iscariote est le deuxième ennemi du sacrifice.

Rappelez-vous que ce n'est nul autre que Judas Iscariote qui a critiqué la femme avec le vase d'albâtre. Cette femme répandit son parfum coûteux sur Jésus. C'était la chose la plus précieuse qu'elle possédait. Les femmes passent des heures à prendre soin de leurs cheveux. Elles savent ce que leur chevelure signifie pour elles. Les cheveux d'une femme symbolisent sa beauté. Marie a sacrifié sa beauté et ses objets précieux pour Jésus.

> **Marie, ayant pris une livre d'un parfum de nard pur de grand prix, oignit les pieds de Jésus, et elle lui essuya les pieds avec ses cheveux; et la maison fut remplie de l'odeur du parfum. Un de ses disciples, JUDAS ISCARIOT, fils de Simon, celui qui devait le livrer, dit : POURQUOI N'A T'ON PAS VENDU CE PARFUM TROIS CENT DENIERS, POUR LES DONNER AUX PAUVRES ?**
>
> **Jean 12 : 3-5**

Il est vrai que cette femme avait vécu dans le péché. Toutefois, elle a donné à Jésus ce qui lui était le plus précieux — ses cheveux, son parfum, ses larmes. Mais Judas Iscariote, l'honorable trésorier de l'équipe (votre trésorier est habituellement la personne la plus digne de confiance dans l'organisation) ne l'a pas apprécié. Même si ce n'était pas son vase d'albâtre, sa vie ou ses cheveux qui étaient sacrifiés, il était contre.

Les apparences des personnes qui sont anti-Christ ou anti-sacrifice, peuvent être très trompeuses. *L'esprit anti-sacrifice, anti-tout-abandonner, anti-faire-beaucoup, anti-donner beaucoup est l'esprit de l'Antéchrist.* Ces gens paraissent souvent très convenables, très logiques, très organisés et très dignes. *Mais cela reste l'esprit de l'Antéchrist.*

3. Satan est le troisième ennemi du sacrifice.

Dès lors Jésus commença à faire connaître à ses disciples qu'il fallait qu'il allât à Jérusalem, qu'il SOUFFRÎT BEAUCOUP de la part des anciens, des principaux sacrificateurs et des scribes, qu'il FUT MIS A MORT, et qu'il ressuscitât le troisième jour. Pierre, l'ayant pris à part, se mit à le reprendre, et dit : Á Dieu ne plaise, Seigneur ! Cela ne t'arrivera pas. MAIS JÉSUS SE RETOURNANT, DIT Á PIERRE : ARRIÈRE DE MOI, SATAN ! Tu m'es en scandale; car tes pensées ne sont pas les pensées de Dieu, mais celles des hommes.

Matthieu 16 : 21-23

Quand Jésus expliqua qu'Il devait mourir sur la croix, l'un de Ses pasteurs, le Pasteur Pierre, prit Jésus à part et se mit à Le reprendre.

« Que ceci soit loin de Toi. » dit le Pasteur Pierre.

« Jamais ! Tant que nous serons là, cela n'arrivera pas. »

Jésus se retourna et s'adressa à la personne qui s'opposait à Son sacrifice et lui dit : « Arrière de moi *Satan.* » Jésus s'est adressé directement à Satan, celui qui empêchait Son sacrifice.

Nous pouvons tous comprendre l'amour de Pierre pour Jésus. Il est naturel que les gens qui vous aiment s'opposent souvent à votre décision de porter votre croix.

Pierre ne savait pas que le diable se servait de lui. Notre Seigneur Jésus a montré le diable tel qu'il était réellement. Nous connaissons tous l'histoire de Pierre réprimandant Jésus pour avoir affirmé qu'Il allait mourir sur la croix. Pierre l'a fait au nom de son amour, sa sollicitude et son inquiétude pour son Seigneur. Ce qu'il ne savait pas, c'est que *l'amour et l'inquiétude* étaient en fait la voix de Satan essayant d'empêcher Jésus de se sacrifier.

Je reçus mon diplôme de médecin le 10 mars 1989. Après avoir travaillé pendant un an, je décidai d'exercer mon ministère à temps plein. Beaucoup de membres de ma famille pleins de sollicitude étaient contre cette idée. Mon beau-père était tellement inquiet qu'il offrit de m'aider à obtenir un poste dans un autre service médical. Il estimait que j'avais perdu mon intérêt pour la médecine parce que j'avais été affecté au service d'Anatomopathologie (des morts). Ma chère belle-mère était également profondément préoccupée par ma situation. Elle en parlait sans cesse.

Un jour, je lui dis, « S'il-vous-plaît-Professeur (elle a été enseignante, de sorte que tous ses enfants l'appelaient « S'il-vous-plaît-Professeur »), s'il vous plaît ne parlez plus de cette situation. J'ai décidé de m'engager dans cette voie, et Dieu me gardera. » À partir de là, elle n'a plus jamais parlé de ma décision d'arrêter de pratiquer la médecine.

Voyez-vous, ils étaient inquiets pour mon bien-être. N'auriez-vous pas été inquiet si votre fille était mariée à un jeune homme extravagant qui ne voulait plus travailler ? Bien entendu, vous auriez été préoccupé ! Ma belle-mère m'aimait comme Pierre aimait Jésus. Naturellement, c'est un signe de grande sollicitude.

Toutefois, dans l'esprit, c'est l'opposition au sacrifice. L'ennemi savait que si je sacrifiais cette profession noble et précieuse, une puissance serait libérée pour le ministère. J'étais sur le point de porter ma croix et de suivre Jésus.

Porter votre croix ne signifie pas construire une croix de bois et monter sur le mont Calvaire. Cela veut dire suivre l'exemple de Jésus-Christ. Cela signifie sacrifier votre vie pour Jésus. Et, vraiment, beaucoup de puissance pour le ministère a été libérée depuis que j'ai franchi cette étape.

Le ministère est bien plus honorable que la médecine. Comparé au Christ, tout le reste est du fumier.

Jésus est venu dans le monde pour sauver les pécheurs. Dans la célèbre tentation de Christ dans le désert, Satan montra à Jésus les royaumes du monde.

Il dit, « j'ai un plan. Je sais que votre but est de sauver le monde entier. J'ai un plan qui permettra d'éviter la douleur. Ce plan donnera les mêmes résultats. Il n'y aura pas d'angoisse, aucun tourment, et aucune privation. » Satan continua, « il te suffit de te prosterner et de m'adorer et tous ces royaumes seront tiens. »

Mais Jésus connaissait une meilleure voie. Il dit : « Le sacrifice doit survenir ! Je dois souffrir. Je dois mourir ! Je dois payer le prix ! » Jésus n'a pas été trompé par le plan simple de Satan.

S'il vous plaît, ne vous laissez pas berner par le plan sans problème de Satan. Il n'y a pas de raccourcis ou d'ascenseurs pour la volonté de Dieu.

Parfois, en tant que pasteurs, nous sommes nerveux lorsque nous appelons les gens à faire des sacrifices. C'est le diable au travail ! J'ai appris à ne pas reculer. J'ai appris à conduire hardiment les personnes à sacrifier pour l'Évangile.

Chapitre 9

Un substitut au sacrifice

> Des troupes se présenteront sur son ordre ; elles profaneront le sanctuaire, la forteresse, ELLES FERONT CESSER LE SACRIFICE PERPÉTUEL, ET DRESSERONT L'ABOMINATION DU DÉVASTATEUR.
>
> **Daniel 11 : 31**

L'histoire nous montre que des gens se sont opposés à l'offrande de sacrifices à Dieu. Non seulement ils étaient contre le sacrifice à Dieu, mais ils avaient recours à un substitut. Au lieu de sacrifier à Dieu, l'Antéchrist dressera « l'abomination du dévastateur ».

C'est arrivé dans le passé. Antiochus faisait sacrifier des porcs par les juifs dans le temple. Ces porcs remplaçaient le vrai sacrifice.

Le roi Antiochus fit construire une idole sur l'autel de Dieu et faisait tuer des porcs dessus. Il offrait des sacrifices non conformes à la loi ou aux pratiques religieuses juives. Antiochus contraignit les juifs à abandonner le vrai culte et à sacrifier des porcs tous les jours.

Ce comportement impénitent du roi Antiochus illustre comment les gens remplacent le vrai sacrifice par d'autres choses. Tout le monde sacrifie quelque chose. Tout le monde sacrifiera quelque chose. Mais la question est : qu'est-ce qui sera sacrifié, et à qui ce sacrifice sera-t-il offert ?

Les Israélites adoraient des images et sacrifiaient aux idoles constamment. Ils ont sacrifié leurs fils et leurs filles à d'autres dieux et les firent passer par le feu.

> Il marcha dans la voie des rois d'Israël ; et même **IL FIT PASSER SON FILS PAR LE FEU**, suivant les abominations des nations que l'ÉTERNEL avait chassées devant les enfants d'Israël.
>
> 2 Rois 16 : 3
>
> **ILS SACRIFIÈRENT LEURS FILS ET LEURS FILLES AUX IDOLES, Ils répandirent le sang innocent, Le sang de leurs fils et de leurs filles, Qu'ils sacrifièrent aux idoles de Canaan, Et le pays fut profané par des meurtres.**
>
> Psaume 106 : 37-38

De nos jours, les gens ne sont pas préparés à ce que leurs fils et leurs filles soient dans le ministère. Mais ces mêmes personnes seraient ravies que leurs enfants travaillent dans des endroits dangereux pour de l'argent.

Dans 1 Corinthiens 10 : 20, la Bible déclare que les sacrifices que font les infidèles sont faits aux démons.

> **Non, mais j'affirme que CE QUE LES PAÏENS SACRIFIENT EST OFFERT AUX DÉMONS ET NON À DIEU. Or, je ne veux pas que vous soyez en communion avec des démons.**
>
> 1 Corinthiens 10 : 20
(La Bible en français courant)

> **Amon avait vingt-deux ans lorsqu'il devint roi, et il régna deux ans à Jérusalem. Il fit ce qui est mal aux yeux de l'ÉTERNEL, comme avait fait Manassé, son père ; IL SACRIFIA À TOUTES LES IMAGES TAILLÉES qu'avait faites Manassé, son père, et il les servit ; et il ne s'humilia pas devant l'ÉTERNEL, comme s'était humilié Manassé, son père, car lui, Amon, se rendit de plus en plus coupable. Ses serviteurs conspirèrent contre lui, et le firent mourir dans sa maison.**
>
> 2 Chroniques 33 : 21-24

Ne vous y trompez pas. Des sacrifices sont faits tout le temps. Si vous ne le faites pas pour une cause, vous le ferez pour une autre. Des sacrifices sont faits en permanence. Les païens font des sacrifices, mais au diable.

Le sacrifice des médecins

Les médecins sacrifient beaucoup à leur profession. Les études de médecine durent sept ans et la faculté de médecine de troisième cycle cinq ans de plus.

J'ai récemment demandé à un médecin combien d'années il avait étudié la médecine. Étonnamment, il avait passé plus de vingt ans à la faculté de médecine. N'est-ce pas incroyable ! Si quelqu'un avait dit qu'il allait sacrifier deux années de sa vie dans une école de théologie, les gens auraient dit qu'il perdait son temps.

Si vous êtes à l'université pendant vingt ans, cela signifie que vous avez un revenu d'étudiant pendant tout ce temps. Toucher de faibles revenus pendant vingt ans ne semble déranger personne du moment que c'est au nom de la médecine. Mais toucher de faibles revenus au nom du ministère n'est pas acceptable pour la plupart des gens. Beaucoup de gens ne voudraient pas travailler dans une église parce qu'ils craignent de ne toucher qu'un faible revenu.

Frôler la mort pour Christ

J'ai risqué ma vie pour la médecine, maintenant, je risque ma vie pour Christ. J'avais l'habitude de sacrifier mon « cochon dans le temple », mais maintenant je sacrifie ma vie au Seigneur. Ma vie a été mise en danger à cause du ministère. Il fut un temps où ma vie était menacée au nom du ministère. J'ai failli mourir dans un accident de voiture lors d'un voyage missionnaire au nord du Ghana. Un pasteur m'a même dit, « Je me demande pourquoi vous avez pris la peine de fonder des églises dans ces endroits. » J'ai aussi failli mourir dans des accidents d'avion. Plus d'une fois, j'ai failli mourir en jeûnant. On pourrait penser que je me suis engagé dans un travail à très haut risque.

Mais qu'en est-il des risques que les médecins prennent tout le temps ? Je me souviens d'une nuit où je travaillais dans le service accident du Korle Bu Teaching Hospital à Accra, au Ghana. Je suturais la victime d'un accident lorsque l'aiguille a glissé et a accidentellement percé mon gant et mon doigt. Le sang de mon patient et mon sang ont bel et bien été mélangés cette nuit-là. Je vous le dis, j'ai clairement entendu la voix de Dieu : « Vous pouvez mourir du VIH dans la désobéissance, si vous continuez à faire selon votre volonté. »

Les médecins sont en danger en permanence. Je connais des médecins qui ont contracté le virus de l'hépatite B dans le cadre de leur travail. Je pourrais vous faire toute une liste des nombreux risques que prennent les médecins, mais personne ne semble trouver anormal qu'ils puissent mourir au nom de la médecine. Il y a un manque de respect profond pour Dieu et le ministère. Les gens semblent penser ce sont des causes pour lesquelles ça ne vaut pas la peine de mourir.

Cher ami, je préfère mourir en mission en servant Jésus que mourir à l'hôpital en soignant des patients.

> **[...] j'affirme que CE QUE LES PAÏENS SACRIFIENT EST OFFERT AUX DÉMONS ET NON À DIEU [...]**
> **1 Corinthiens 10 : 20**
> **(la Bible en français courant)**

Sept sacrifices des païens

1. Le sacrifice des immigrants

Beaucoup de gens voyagent vers des contrées lointaines et vivent comme des citoyens de seconde zone dans des pays étrangers. Ce sacrifice est acceptable tant qu'il s'agit de gagner plus d'argent. Si cela était fait au nom d'une œuvre missionnaire, on froncerait les sourcils.

Cela semble être acceptable aux yeux de nombreuses personnes, mais pas si c'est au nom du ministère ! Je connais des gens qui ont traversé le désert du Sahara pour se rendre en Suisse.

Un de ces hommes nous a dit, « Nous étions trois à traverser le désert du Sahara. Deux d'entre nous sont morts et j'ai survécu. » N'est-il pas étonnant que des gens qui peuvent traverser le désert du Sahara ne puissent pas venir à l'église ?

Le passager clandestin

Une fois, à Amsterdam, je conseillais à un frère de venir à l'église.

Il me dit : « J'ai essayé quatre fois de venir en Europe en partant du Ghana. Quatre fois je me suis embarqué clandestinement sur un navire. Une fois, le capitaine nous a jetés par-dessus bord dans des eaux infestées de requins et nous avons nagé jusqu'à la côte. »

Il dit : « Une fois arrivé sur la terre ferme, j'ai découvert que j'étais au Liberia. Je suis retourné au Ghana et je me suis à nouveau embarqué clandestinement. Je l'ai fait quatre fois jusqu'à ce que, finalement, je réussisse à venir en Hollande. »

Il sourit avec fierté et déclara : « Je suis un citoyen néerlandais aujourd'hui. »

Alors j'ai demandé : « Pourquoi ne viendriez-vous pas régulièrement à l'église ? »

Il ria et marmonna une excuse boiteuse à propos de son travail. Curieusement, cet homme ne faisait aucun effort pour venir à l'église, mais il avait été prêt à mourir pour venir en Hollande. Ce jeune homme avait risqué sa vie à quatre reprises pour devenir un citoyen néerlandais, mais ne prenait pas la peine de devenir un citoyen des Cieux.

> [...] j'affirme que CE QUE LES PAÏENS SACRIFIENT EST OFFERT AUX DÉMONS ET NON À DIEU [...]
>
> 1 Corinthiens 10 : 20
> (la Bible en français courant)

J'entends parler de gens qui ont sacrifié leur vie pour tenter de vivre en Europe. J'entends parler de gens qui se sont cachés dans des camions-citernes pour traverser le Sahara. Beaucoup d'entre eux sont morts à cause de la chaleur insupportable dans le camion-citerne. Les sacrifices que font les gens pour obtenir ce qu'ils veulent ! Pourtant, ils ne sont prêts à rien pour Jésus.

2. Le sacrifice des pilotes

Les pilotes et les équipages des compagnies aériennes font de grands sacrifices pour l'argent. En cette ère de terrorisme, il est étonnant que ces personnes continuent à faire leur travail. Ils arrivent avec toutes sortes de statistiques qui démontrent que le transport aérien est sûr.

Personne ne peut ignorer la peur qui existe aujourd'hui au sujet des transports aériens. Pourtant, il y a des femmes que ça ne dérange pas de voir leurs maris-pilotes partir en avion et qui n'y pensent pas à deux fois. Ces mêmes femmes ne permettraient pas à leur mari de travailler pour le ministère.

Ce que vous devez réaliser, c'est que le sacrifice à Dieu a été remplacé par un « cochon dans le temple ». Lorsque vous partez en voyage vers le Royaume, il vous sera demandé, « Avez-vous à le faire, est-ce nécessaire ? » Pourtant, ce même sacrifice est fait régulièrement et sans effort par des milliers de personnes dans le secteur du transport aérien.

[…] j'affirme que CE QUE LES PAÏENS SACRIFIENT EST OFFERT AUX DEMONS ET NON A DIEU [...]

**1 Corinthiens 10 : 20
(la Bible en français courant)**

3. Le sacrifice des banquiers et des comptables

Ces personnes passent de nombreuses heures au travail. Certains d'entre eux rentrent chez eux après 21 heures tous les soirs. Ils voient à peine leurs familles. *Mais ce n'est pas grave si c'est pour la banque.*

Un jour, la belle-mère d'un de mes pasteurs lui rendit visite. Elle commença à se plaindre de l'heure à laquelle il rentrait chez lui. Il réagit : « S'il vous plaît, ne vous plaignez pas de mon travail. C'est parce que je suis dans le ministère que vous parlez de cette façon. »

Il lui rappela, « Qu'en est-il de votre fils qui travaille à la banque ? Vous savez bien qu'il rentre à la maison beaucoup plus tard que moi. Pourtant, vous ne vous plaignez pas à ce sujet parce que vous pensez que son travail est suffisamment important pour qu'il y reste aussi longtemps. »

Malheureusement, le ministère est considéré comme un travail de second ordre qui ne vaut pas qu'on lui offre des sacrifices. « Sacrifie au diable, mais pas à Dieu ! » Tel est le message implicite de nos parents et amis.

[…] j'affirme que CE QUE LES PAÏENS SACRIFIENT EST OFFERT AUX DÉMONS ET NON À DIEU […]

**1 Corinthiens 10 : 20
(la Bible en français courant)**

4. Le sacrifice des hommes d'affaires

Les hommes d'affaires risquent leur vie tout le temps par amour de l'argent. Ils voyagent à droite, à gauche, cherchant constamment à faire des affaires. Beaucoup d'hommes d'affaires en arrivent à subir de telles pressions et tensions qu'ils développent une hypertension artérielle, des ulcères et d'autres maladies liées au stress. C'est le prix à payer pour acquérir une grande richesse.

De nombreux hommes d'affaires perdent leurs familles dans leur quête d'argent. Ils sont rarement à la maison avec leurs enfants. Ils prennent le risque de voyager et acceptent tout cela au nom de l'argent.

Pensez-vous que les cadres supérieurs ne risquent pas leur vie ? Ils le font, et parfois payent le prix fort. Les personnes font tout le temps des sacrifices. Ils sacrifient leur Dieu, leur église et leur famille. Ils feraient n'importe quoi pour de l'argent.

Ils sont prêts à changer leur vie, vivre n'importe où, voyager vers des lieux obscurs et faire toutes sortes de sacrifices afin de gagner plus d'argent ou de réaliser leurs aspirations.

Lorsque les ministres de l'Évangile se donnent à leur ministère, c'est toujours considéré comme inutile. Qu'y a-t-il de plus éphémère que le gain financier et la construction de maisons sur cette terre ?

Nous, dans le ministère, nous sommes donnés à la vocation la plus élevée et la plus digne.

Prenez un pays comme l'Angola. Ils ont connu la guerre civile pendant plus de vingt ans. Pourtant, vous y trouverez des Américains, des Britanniques, et des Européens qui y vivent et y font des forages pétroliers !

En pleine guerre en République Démocratique du Congo, une mine de diamants congolaise a été inscrite à la Bourse de Londres. Cela signifie que des affaires ont été activement menées en pleine guerre. C'est incroyable ce que font les gens, même en pleine guerre !

Toutes sortes de Britanniques, de Hollandais et d'Américains sont prêts à aller dans ces pays d'Afrique déchirés par la guerre et à risquer leur vie, si c'est pour de l'argent. Ils sont prêts à aller là où il y a des combats et du danger. Ils sont prêts à mourir pour le pétrole, l'or et les diamants.

Le Nigeria, bien connu pour ses villes dangereuses et son taux élevé de criminalité est la demeure de nombreuses personnes de race blanche prêtes à tout sacrifier pour de l'argent. Pour gagner plus d'argent, British Airways assure des liaisons vers le Nigeria plusieurs fois par semaine.

Pourtant, si je devais demander à quelqu'un de fonder une église dans certains pays africains, sa famille serait proche de l'hystérie. Ils trouveraient toutes sortes de raisons pour me faire passer pour un dirigeant déraisonnable et sans cœur.

C'est un fait : Les gens font des sacrifices, mais sacrifient au diable ! Les sacrifices sont faits, mais ils sont faits au diable. Le sacrifice légitime pour Dieu a été remplacé par le sacrifice d'un cochon dans le temple.

5. Le sacrifice pour les morts

De nombreuses personnes pourraient donner beaucoup plus pour l'œuvre de Dieu mais ne le font pas. Cet argent est plutôt consacré à une maison, une voiture ou même à un enterrement.

Les gens assistent à des funérailles chaque week-end dans divers endroits, mais ils ne peuvent pas venir à l'église.

Je connais quelqu'un qui a dépensé des milliers d'euros pour acheter un linceul. Il est rare de voir des gens faire une offrande de mille euros, mais ils sont prêts à le faire pour les morts.

6. Le sacrifice des journalistes

Les reporters et les journalistes font tout le temps des sacrifices et risquent leur vie dans les zones de guerre. De nombreux journalistes ont été tués lorsque Les États-Unis ont envahi l'Irak.

J'ai vu une belle femme, un œil recouvert d'un bandeau noir, à la télévision. Elle était journaliste et avait perdu son œil alors qu'elle couvrait un conflit pour une chaîne d'informations. En dévisageant cette femme borgne, je m'émerveillais de ce que les gens étaient prêts à faire pour leur travail. Ces journalistes qui font leur travail dans des zones de conflits sont honorés pour leur bravoure.

Les hommes honorent des scientifiques, des médecins, des reines de beauté, des boxeurs et des athlètes, mais pas des prédicateurs. Toutefois, Dieu a promis que si nous mettons notre amour en Lui, Il nous glorifiera. Je vise la gloire de Dieu.

> **Puisqu'il m'aime, je le délivrerai ; Je le protégerai, puisqu'il connaît mon nom. Il m'invoquera, et je lui répondrai ; Je serai avec lui dans la détresse, Je le délivrerai et JE LE GLORIFIERAI.**
>
> **Psaume 91 : 14-15**

Cherchez la gloire de Dieu et non l'hommage des hommes !

7. Le sacrifice des médecins

Beaucoup de médecins donnent leur vie dans l'exercice de leurs fonctions. Je connais des institutions qui portent le nom de médecins qui ont trouvé la mort en expérimentant des traitements contre des virus dangereux.

Ne me dites pas que les médecins ne font aucun sacrifice. En 1928, Noguchi, un bactériologiste japonais, s'est rendu en Afrique pour confirmer ses théories sur la fièvre jaune. Le but de ce travail de terrain était de tester l'hypothèse selon laquelle la fièvre jaune était causée par une bactérie spirochète, et non par un virus.

Alors qu'il travaillant à Accra, en Côte-de-l'Or, il est mort de cette même fièvre jaune le 21 mai 1928. Ses dernières paroles furent : « Je ne comprends pas. »

Aujourd'hui, l'Institut Noguchi à Accra est ainsi nommé d'après ce bactériologiste japonais qui a donné sa vie pour ses recherches.

Oui, réellement, tout le monde sacrifie quelque chose pour ce en quoi il croit !

Chapitre 10

Le sacrifice est la clé de la fécondité

Jésus leur répondit : L'heure est venue où le Fils de l'homme doit être glorifié. En vérité, en vérité, je vous le dis, si le grain de blé qui est TOMBÉ en terre ne MEURT, il reste seul; mais, s'il meurt, il porte beaucoup de FRUIT.

Jean 12 : 23-24

C'est l'ingrédient manquant. C'est la clé qui mènera le chrétien ordinaire de la stérilité à la fécondité. Le sacrifice est la clé qui mènera un révérend ministre du stade de fonctionnaire avec un titre à celui de ministre réellement productif.

Être prêt à mourir

L'ingrédient manquant dans certaines bonnes églises est le fait d'être prêt à mourir. Beaucoup de nos églises resteront petites jusqu'à ce que nous ayons des personnes prêtes au sacrifice. Il arrive un moment où ce qui est nécessaire est le sacrifice. Beaucoup de chrétiens peuvent faire plus, mais ne le font pas C'est parce qu'ils ne veulent pas sacrifier ou renoncer à quoi que ce soit.

Pas un manque de connaissances

De nombreuses personnes ne manquent pas d'informations ou de connaissances. Ils en savent beaucoup ! Si vous avez lu mes livres, vous savez beaucoup de ce que je sais. Cependant, la connaissance ne suffit pas ! Vous n'aurez peut-être pas les fruits que j'ai, même si vous avez les connaissances que j'ai. Pour que vous puissiez avoir ce que j'ai, vous devez en payer le prix. Il y a un prix à payer pour chacun. Le prix de la gloire est le même pour tout le monde !

Cette Écriture dit que jusqu'à ce qu'un grain de blé disparaisse dans le sol et meure, il sera seul.

Le « grain de blé » symbolise l'homme de Dieu.

Être « seul » signifie « rester stérile ». Cela signifie être sans congrégation ou sans disciples. Le processus de la mort, en l'homme de Dieu, produira éventuellement beaucoup de fruits.

Jésus n'aurait pas porté autant de fruits qu'Il ne l'a fait, s'Il n'était pas mort sur la croix. Il aurait été seul dans les Cieux avec son Père. Il n'aurait pas pu nous sauver s'Il n'était pas mort et descendu aux enfers pour nous. Pour gagner des disciples, pour Lui même et pour Son père, il a dû tomber au sol et mourir. Le grain de blé doit tomber au sol et mourir. Lorsque la graine tombe dans le sol, elle se désagrège et se décompose.

C'est ce que nous appelons « mourir ». De fait, la graine traverse un processus avant qu'elle ne produise des fruits.

Il y a beaucoup de dirigeants sincères qui connaissent beaucoup de choses. Ils ont beaucoup entendu et pensent qu'ils se sont élevés en Dieu. La connaissance engendre malheureusement la fierté.

[...] la connaissance enfle, mais la charité édifie.

1 Corinthiens 8 : 1b

Le Royaume est plus qu'une école d'histoire et de doctrines. Plus que l'acquisition de nombreux certificats de connais-sance de la Bible. La connaissance, sans ce processus, ne débouchera sur rien. Avez-vous remarqué que certains des commentateurs bibliques les plus académiques et savants sont très inefficaces s'agissant du ministère réel ?

En fait, parfois, plus ils deviennent savants, plus ils deviennent perfides et impies.

Une seule graine deviendra un grand arbre avec de nombreux fruits si elle tombe dans le sol et meurt. Il y a trois processus que le grain de blé doit traverser lorsqu'il tombe dans le sol.

1. La chute de la graine

2. La mort de la graine

3. La graine porte ses fruits

1. La chute de la graine

La chute au sol parle de la période de la vie d'un homme de Dieu au cours de laquelle il est inconnu et caché à la vue du public. Elle fait aussi référence à une période de rejet, de refus.

Prenons l'exemple de Jean le Baptiste : la Bible explique qu'il était caché dans le désert, jusqu'au moment de sa révélation à Israël. Chaque pasteur doit se rendre compte que Dieu le cache pendant un temps. Ne soyez pas pressé d'être révélé. Une exposition prématurée conduit à la destruction.

Jésus-Christ a été caché pendant trente ans avant d'être exposé au ministère. Son apparition en tant que ministre surprit ceux qui ne savaient pas que la graine avait été dans le sol pendant 30 ans.

Moïse expérimenta cette chute au sol. Il a été complètement rejeté par ses frères quand il a essayé d'exercer son ministère avec eux pour la première fois. Il vécut ensuite dans le désert pendant quarante ans. Après des années de rejet et d'isolement, il était prêt à exercer son ministère.

Joseph connut cette même expérience de chute au sol. Ses visions et ses rêves ont été totalement rejetés. Puis il fut lui-même totalement rejeté et ignoré. Il fut d'abord esclave, puis prisonnier en Égypte. Après plusieurs années de séparation d'avec ses frères, il était enfin prêt pour un grand ministère.

Ce ne sont là que quelques exemples de cette règle de la chute au sol. Je vous le dis, aucun vrai ministre n'est vraiment accepté avant d'avoir été rejeté.

Je ne sème pas dans les buissons d'épines

J'ai connu cette chute au sol moi-même. Quand j'ai commencé dans le ministère, j'ai été absolument et totalement rejeté par les ministres en place. Un ministre, avec qui nous entretenions de bonnes relations, refusa de prêcher pour notre groupe de nouveau. Quand je lui demandai pourquoi il ne voulait plus prêcher pour notre groupe, il dit, « Je ne sème pas dans les buissons d'épines ».

D'autres pasteurs et lui affirmaient que je n'avais pas été appelé par Dieu et que je n'avais pas à créer une église. Ils estimaient que j'étais un étudiant en médecine qui devait se concentrer sur ses études. Ils conseillèrent à mon adjoint de ne pas s'associer avec moi parce qu'il était dangereux de travailler avec quelqu'un qui n'avait pas été appelé par Dieu.

Quelle école biblique avez-vous fréquentée ?

J'ai dit à un autre ministre expérimenté avec lequel j'étais en bons termes que j'avais fondé une église. Tout ce que j'ai reçu, ce sont des réprimandes ! Ensuite, je fus interrogé sur l'école biblique que j'avais fréquentée. Malheureusement, je n'avais pas été à l'école biblique. Découragé, je partis tout penaud.

Ce pasteur décida alors d'organiser une campagne juste à l'endroit où notre église se réunissait. Il organisa une grande réunion et montra une vidéo très bien faite sur ses programmes nationaux et internationaux. Ce fut une des meilleures prestations de ce ministère que j'ai jamais vues.

Notre ministère ressemblait à un groupe de plaisantins à côté de ça. Une forte exhortation à rejoindre ce grand ministère fut faite cette nuit-là. Après leur départ, je me demandai, « Qui voudrait nous suivre alors qu'il existe des ministères aussi puissants et établis dans cette ville ? »

Vous moquez-vous de moi ?

Je me souviens aussi d'un autre incident. Je rencontrai un des grands pasteurs de notre ville lors d'un mariage qui se déroulait sur le campus universitaire.

Ce pasteur et son associé s'étaient exprimés de leur chaire contre mon ministère. Ils avaient critiqué les gens comme moi qui, selon eux, n'étaient pas « appelés ». À leurs yeux, je ne pourrais jamais être un pasteur !

Je suis allé vers lui pour lui dire bonjour et il me dit, « Oh, bonjour Dag », puis il se tut, me regarda et dit : « Pasteur ! »

Alors que je me tenais devant lui, je sentais bien qu'il se montrait sarcastique en m'appelant pasteur.

Je faillis lui demander : « Monsieur, pourquoi vous moquez-vous de moi ? Pourquoi m'appelez-vous "pasteur" si vous ne croyez pas que je suis un pasteur ? »

Je ne sais pas comment j'ai réussi à empêcher ces mots de sortir de ma bouche. La seule chose que je ressentais à cette époque de ma vie était le rejet.

Je suis passé par une période de rejet absolu et j'ai poursuivi les travaux du ministère en étant isolé de la plupart des ministres que j'avais connus avant cette période. Toutefois, par le biais de cette isolation, Dieu m'a appris beaucoup de choses.

Ne soyez pas inquiet parce que vous n'êtes pas accepté. Ne vous tracassez pas si personne ne vous invite. Le jour de votre révélation viendra.

Or, l'enfant croissait, et se fortifiait en esprit. Et il demeura dans les déserts, jusqu'au jour où il se présenta devant Israël.
Luc 1 : 80

2. La mort de la graine

Lorsque la graine tombe au sol, elle se désagrège et se décompose. Ses caractéristiques et son apparence changent du tout au tout. Laissez le processus de la mort se produire. Si le grain ne meurt, il reste seul. Tant que ces qualités que Dieu va faire croître en vous ne pourront pas se développer, vous n'accomplirez jamais pleinement votre ministère. Deux choses se développent lorsque vous tombez au sol et mourez.

Une relation personnelle avec Dieu

Quand les hommes vous rejettent, votre relation avec les gens est réduite au minimum. Cette période d'aliénation est la meilleure chance que vous aurez de développer une relation avec Dieu. C'est ce qui se passe pour les personnes emprisonnées. Toute relation avec le monde extérieur est coupée. De nombreux prisonniers réfléchissent à propos du Seigneur et développent une relation avec Dieu. C'est une période au cours de laquelle d'importantes caractéristiques spirituelles naissent en vous. Développer une relation personnelle avec Dieu est l'une des choses les plus importantes que vous apprendrez quand les gens vous rejettent. Tout vrai ministre tire sa force directement du Seigneur.

Beaucoup viendront ce jour-là et diront, « je chasse les démons en ton nom et fais de grandes choses en ton nom. » Mais le Seigneur dira : « Je ne vous ai jamais connus. »

« Je ne vous ai jamais connus », signifie que je n'ai jamais eu de relation avec vous. Le rejet est parfois le seul chemin vers cette relation si importante.

Développer l'humilité

Le rejet est une leçon d'humilité. Le rejet par l'homme est destiné à vous rendre plus humble et l'humilité est le manteau le plus puissant qu'un ministre puisse porter. Plus un ministre est humble, plus sa position vis-à-vis du Seigneur est élevée.

Une illusion courante est que plus grande est votre église, plus élevée est votre position devant le Seigneur. Ce n'est pas le cas. Jésus dit clairement que le plus grand pasteur sera celui qui parmi nous est le plus humble et le plus semblable à un enfant.

En ce moment, les disciples s'approchèrent de Jésus, et dirent : Qui donc est le plus grand dans le royaume des

cieux ? Jésus, ayant appelé un petit enfant, le plaça au milieu d'eux, et dit : Je vous le dis en vérité, si vous ne vous convertissez et si vous ne devenez comme les petits enfants, vous n'entrerez pas dans le royaume des cieux. C'est pourquoi quiconque se rendra humble comme ce petit enfant sera le plus grand dans le royaume des cieux.**

Matthieu 18 : 1-4

Jean-Baptiste était humble

L'humilité de Jean le Baptiste était évidente. Il pensait ne pas être digne de délacer les souliers de Jésus. Il s'inclina devant le Seigneur et déclara que Jésus devait croître et lui, diminuer. De nos jours, combien de pasteurs veulent que les autres croissent tandis qu'eux diminuent ?

Il faut qu'il croisse, et que je diminue

Jean 3 : 30

Jésus s'est humilié

L'humilité de Jésus était évidente. Il S'est humilié et Se rendit obéissant au point de mourir sur la croix.

Et ayant paru comme un simple homme, il s'est humilié lui-même, se rendant obéissant jusqu'à la mort, même jusqu'à la mort de la croix.

Philippiens 2 : 8

Moïse a été humilié

Moïse a perdu toute confiance en lui-même. La Bible l'appelle le plus doux homme sur la terre. Ne seriez-vous pas doux vous aussi, après quarante ans passés dans le désert en tant qu'un des hommes les plus recherchés d'Égypte ? Quand on lit l'appel de Moïse, on se rend compte que Moïse n'avait aucune confiance en lui. C'était un grand homme, mais l'opinion qu'il avait de lui-même était vraiment très basse parce qu'il avait subi le rejet. Remarquez la faible estime que Moïse avait de lui-même.

Les dix plaintes de Moïse

1. Et Moïse dit à Dieu... **Qui suis-je ?** Exode 3 : 11.

2. Et Moïse dit à Dieu... **que leur répondrai-je ?** Exode 3 : 13.

3. Et Moïse répondit... **ils ne me croiront point**... Exode 4 : 1.

4. Et Moïse dit... **je ne suis pas un homme qui ait la parole facile... car j'ai la bouche et la langue embarrassées.** Exode 4 : 10.

5. Moïse dit : **Ah ! Seigneur, envoie qui tu voudras envoyer.** Exode 4 : 13.

6. Et Moïse dit... **Seigneur... pourquoi m'as-tu envoyé ?** Exode 5 : 22.

7. Moïse répondit... **les enfants d'Israël ne m'ont point écouté...** Exode 6 : 12.

8. Et Moïse dit... **Voici, je n'ai pas la parole facile...** Exode 6 : 30.

9. Moïse cria à l'Éternel, en disant... **Encore un peu, et ils me lapideront.** Exode 17 : 4.

10. Moïse fut attristé, et il dit à l'ÉTERNEL : **Pourquoi affliges-tu ton serviteur ?** Nombres 11 : 11.

Joseph a été humilié

Joseph, après avoir été prisonnier pendant quelques années, n'a pas pensé à la vengeance en revoyant ses frères. Il avait bien compris que Dieu lui avait fait traverser tout cela au nom du bien.

> **Maintenant, ne vous affligez pas, et ne soyez pas fâchés de m'avoir vendu pour être conduit ici, car c'est pour vous sauver la vie que Dieu m'a envoyé devant vous. Ce n'est donc pas vous qui m'avez envoyé ici, mais c'est Dieu [...]**
>
> **Genèse 45 : 5,8**

Joseph avait tant mûri dans sa connaissance de Dieu qu'il sentait que ses frères n'avaient rien fait de mal. En fait, il pensait que ses frères avaient été utilisés par Dieu.

Après avoir vécu tout ce que j'ai vécu, j'ai appris à aimer et à apprécier les gens qui m'ont rejeté. Je crois que Dieu les a utilisés pour me former au ministère. Je n'ai de rancœur envers aucun d'entre eux et j'apprécie grandement leur ministère. Même la plus amère des expériences a œuvré pour mon bien.

3. La graine porte ses fruits

Porter des fruits est quelque chose de très spirituel. La plupart des hommes de Dieu pensent que si vous avez une grande église, c'est que vous avez porté beaucoup de fruits et que le Seigneur est satisfait de vous.

Cependant, vous remarquerez que Jésus était agréable à son Père avant même de prêcher Son premier sermon. Dieu était satisfait de Lui bien avant qu'Il soit connu publiquement. Vous pouvez plaire à Dieu même sans être célèbre.

Et voici, une voix fit entendre des cieux ces paroles : Celui-ci est mon Fils bien-aimé, en qui j'ai mis toute mon affection.

Matthieu 3 : 17

Vous n'avez pas besoin d'avoir une église pour que le Père Céleste dise : « Celui-ci est mon Fils bien-aimé, en qui j'ai mis toute mon affection. » Vous n'avez même pas besoin d'être pasteur. Vous n'avez pas besoin d'écrire un livre. Vous n'avez pas besoin de prêcher un sermon pour entendre ces mots : « Celui-ci est mon Fils bien-aimé, en qui j'ai mis toute mon affection. »

Vous n'avez pas besoin d'être célèbre pour entendre ces mots : « Celui-ci est mon Fils bien-aimé, en qui j'ai mis toute mon affection. » Jésus n'était pas célèbre quand c'est arrivé. Cette Écriture nous montre que plaire à Dieu ne repose pas en soi sur nos œuvres. Tous les fruits que nous portons sont en fait des cadeaux qui sont offerts par le Seigneur.

Avez-vous songé à tous les fruits que le Jésus-Christ a portés ? Deux mille ans ont passé et Il porte plus de fruits qu'Il n'en a jamais portés. Qu'a-t-il fait pour donner tant de fruits ? Il a accompli six choses :

1. La Prédication. 2. L'Enseignement 3. La Guérison 4. L'Humilité 5. L'Obéissance 6. Le Sacrifice sur la croix.

La plus significative de ces œuvres, c'est Son sacrifice sur la croix qui a ouvert la porte à notre salut. De loin, la plus grande chose que le Christ ait accomplie pour nous fut de mourir sur la croix pour nos péchés. Jésus a porté beaucoup de fruits après Son sacrifice.

Chapitre 11

Le sacrifice vous amène à l'onction

Mais maintenant, en Jésus Christ, vous qui étiez jadis éloignés, vous avez été RAPPROCHÉS PAR LE SANG de Christ.

Éphésiens 2 : 13

Comprendre la voie de l'onction

Il m'a fallu de nombreuses années pour comprendre le merveilleux symbolisme du tabernacle.

Il y a des années, j'ai entendu un homme de Dieu prêcher sur les étapes menant à l'onction. J'ai écouté ce message maintes et maintes fois, mais je ne comprenais pas ce dont il parlait.

Il enseignait au sujet du tabernacle de Moïse, de la cuve d'airain, de l'autel des sacrifices, de la porte à l'entrée du Lieu Saint, de la tente d'assignation, des piquets, des mâts, du lin fin, des peaux de dauphins, de la table de l'encens, de la table des pains de proposition, des chandeliers et du Saint des Saints.

Honnêtement, j'ai écouté de tout mon cœur en m'efforçant de comprendre comment tout cela était lié à l'onction.

Mais avec le temps, j'ai découvert que le Saint des Saints était considéré comme le siège du pouvoir de Dieu, de l'onction de Dieu et de la présence de Dieu. S'approcher du Saint des Saints était donc s'approcher de la présence de Dieu et de la puissance de Dieu.

Une étude du tabernacle de Moïse révèle qu'il y avait toujours un sacrifice à faire à la porte du tabernacle avant que le prêtre puisse s'avancer vers le Saint des Saints. Un sacrifice devait être fait juste à l'entrée du tabernacle.

L'emplacement de l'autel du sacrifice (près de la porte) signifiait qu'il était nécessaire d'offrir d'abord un sacrifice avant de pouvoir s'avancer vers Dieu.

Le Saint des Saints, le lieu de l'onction et de la puissance, se trouvait tout au tabernacle. Sans traverser le lieu du sacrifice, vous ne pouviez pas atteindre ce lieu de la puissance de Dieu et de l'onction.

Tu égorgeras le taureau devant l'Éternel, à l'entrée de la tente d'assignation.

Exode 29 : 11

À quelle distance voulez-vous vous être de l'endroit qui abrite la puissance et l'onction ? Souhaitez-vous désespéré-ment cette onction ? Je ne connais aucun grand homme de Dieu qui ait atteint des sommets dans le ministère sans avoir à payer un prix élevé par le sacrifice.

Beaucoup de gens connaissent les Écritures et les doctrines, mais peu sont prêts à payer le prix du ministère. Par conséquent, ils restent impuissants et les mains vides face à un monde en perdition qui se meurt.

C'est pourquoi nous avons besoin de réintégrer la notion de sacrifice dans la maison du Seigneur. En faisant des sacrifices, on s'approche de plus en plus de la puissance et de l'onction. C'est le sang qui nous rapproche de l'onction. C'est le sang et le sacrifice qui nous permettent d'approcher de l'onction !

Sans sacrifice, sans douleur et sans effusion de sang, nous ne pouvons pas approcher du Lieu Saint qui abrite la présence et la puissance de Dieu.

Les sacrifices de l'Ancien Testament

Dans les temps bibliques, on ne pouvait même pas imaginer adorer Dieu sans faire de sacrifice. Vous n'aviez tout simplement pas adoré Dieu tant qu'un sacrifice n'avait pas été fait.

Les pauvres sacrifiaient de petits oiseaux comme des pigeons et des tourterelles. Ils ne pouvaient se permettre d'amener des moutons, des chèvres et des vaches. On vous demandait de sacrifier ce que vous aviez. *Mais il devait y avoir un sacrifice !* Peut-on dire que nous adorons Dieu si nous n'offrons pas de sacrifice ?

Vous pouvez dire, « le Christ s'est sacrifié pour nous. Il n'est plus nécessaire de faire de sacrifice. » Personne ne vous demande de mourir sur la croix à nouveau ! Néanmoins, Jésus nous a dit de *nous charger de notre croix et de le suivre*, n'est-ce pas ? Cela signifie que même si le Christ a fait le sacrifice ultime, nous devons toujours suivre son exemple et faire un sacrifice personnel.

Il y a des leçons à tirer du système de sacrifices de l'Ancien Testament. L'Ancien Testament est un véritable trésor d'enseignement pour les chrétiens du Nouveau Testament.

Pourquoi les sacrifices de l'Ancien Testament sont pertinents

Quiconque doute que l'Ancien Testament soit encore très pertinent aujourd'hui devrait lire ce qui suit, plusieurs raisons pour lesquelles les Écritures de l'Ancien Testament peuvent nous apprendre des choses sur des sujets importants comme le « sacrifice ».

1. Christ Lui-même commenta les passages de l'Ancien Testament Le concernant dans la Loi, les Psaumes, et les Prophètes.

Ne fallait-il pas que le Christ souffrît ces choses, et qu'il entrât dans sa gloire ? Et, commençant par Moïse et par tous les prophètes, il leur expliqua dans toutes les Écritures ce qui Le concernait. Puis il leur dit : C'est là ce que Je vous disais lorsque J'étais encore avec vous, qu'il fallait que s'accomplît tout ce qui est écrit de moi dans la loi de Moïse, dans les prophètes, et dans les psaumes. Alors il leur ouvrit l'esprit, afin qu'ils comprissent les Écritures.

Luc 24 : 26-27, 44-45

2. Les choses qui ont été écrites jadis dans les Écritures de l'Ancien Testament ont été écrites pour notre instruction, afin que par la patience et par la consolation que donnent les Écritures, nous possédions l'espérance.

Or, tout ce qui a été écrit d'avance l'a été pour notre instruction, afin que, par la patience, et par la consolation que donnent les Écritures, nous possédions l'espérance.

Romains 15 : 4

3. Jésus Lui-même est venu pour accomplir la Loi et les Prophètes.

Ne croyez pas que je sois venu pour abolir la loi ou les prophètes; Je suis venu non pour abolir, mais pour accomplir. Car, je vous le dis en vérité, tant que le ciel et la terre ne passeront point, il ne disparaîtra pas de la loi un seul iota ou un seul trait de lettre, jusqu'à ce que tout soit arrivé.

Matthieu 5 : 17-18

4. Jésus a dit que la Loi et les Prophètes ont prophétisé.

Car tous les prophètes et la loi ont prophétisé jusqu'à Jean.

Matthieu 11 : 13

5. Les prophètes de l'Ancien Testament parlent des souffrances du Christ et de la gloire qui doit suivre. Il leur a été révélé que leurs déclarations ne concernaient pas seulement leur propre génération, mais d'autres.

Les prophètes, qui ont prophétisé touchant la grâce qui vous était réservée, ont fait de ce salut l'objet de leurs recherches et de leurs investigations, voulant sonder l'époque et les circonstances marquées par l'Esprit de Christ qui était en eux, et qui attestait d'avance les souffrances de Christ et la gloire dont elles seraient suivies. Il leur fut révélé que ce n'était pas pour eux-mêmes, mais pour vous, qu'ils étaient les dispensateurs de ces choses, que vous ont annoncées maintenant ceux qui vous ont prêché l'Évangile par le

Saint Esprit envoyé du ciel, et dans lesquelles les anges désirent plonger leurs regards.

1 Pierre 1 : 10-12

6. **Les événements qui se sont déroulés en Israël d'après l'Ancien Testament sont destinés à nous servir de modèles et d'exemples, et ces choses sont écrites pour notre instruction, à nous qui sommes parvenus à la fin des siècles.**

Or, ces choses sont arrivées pour nous servir d'exemples, afin que nous n'ayons pas de mauvais désirs, comme ils en ont eu. Ces choses leur sont arrivées pour servir d'exemples, et elles ont été écrites pour notre instruction, à nous qui sommes parvenus à la fin des siècles.

1 Corinthiens 10 : 6,11

7. **L'auteur de l'épître aux Hébreux dit : « Dans le rouleau du livre il est question de Moi », c'est à dire du Christ.**

Alors j'ai dit : Voici, je viens (Dans le rouleau du livre il est question de moi) Pour faire, ô Dieu, ta volonté.

Hébreux 10 : 7

Tu ne désires ni sacrifice ni offrande, Tu m'as ouvert les oreilles; Tu ne demandes ni holocauste ni victime expiatoire. Alors je dis : Voici, je viens avec le rouleau du livre écrit pour moi. Je veux faire ta volonté, mon Dieu ! Et ta loi est au fond de mon cœur.

Psaume 40 : 6-8

8. **L'Écriture parle « premièrement de ce qui est naturel et ensuite de ce qui est spirituel », et c'est un principe qui pourrait bien être appliqué à cette étude.**

Mais ce qui est spirituel n'est pas le premier, c'est ce qui est animal; ce qui est spirituel vient ensuite. Le premier homme, tiré de la terre, est terrestre; le second homme est du ciel.

1 Corinthiens 15 : 46-47

Tous ces points, que j'ai énumérés, nous montrent que l'Ancien Testament peut et doit être utilisé comme un outil d'enseignement sain. Nous ne pouvons pas nous permettre d'ignorer la révélation que nous recevons des sacrifices de l'Ancien Testament.

Chapitre 12

Le sacrifice élimine Pharaon

Pharaon est une « sorte » de Satan biblique. Satan tient le peuple de Dieu dans la servitude et refuse de les laisser aller. Pharaon combattit les enfants d'Israël jusqu'à ce que, finalement, ils sortent d'Égypte et se mettent en route vers la Terre Promise. Même alors, il ne renonça pas. Il était déterminé à capturer de nouveau les Israélites.

Satan fera tout ce qui est en son pouvoir pour vous maintenir dans la servitude. Il a chassé le peuple de Dieu jusqu'à ce que le Seigneur Lui-même élimine les Égyptiens.

Comment Pharaon sera finalement éliminé de votre vie ? Qu'est-ce-qui détruira les forteresses sataniques dans votre vie ? Tout ce que vous avez à faire est de suivre l'exemple des Israélites et vous serez libre à jamais.

Ce chapitre aborde comment éliminer Satan et ses chaînes démoniaques de votre vie et de votre ministère.

Traverser la Mer Rouge

« Traverser la Mer Rouge » signifie marcher vers une mort certaine. Cela signifie quitter la sécurité pour s'engager dans un domaine où vous ne pouvez faire confiance qu'à Dieu. Dans le Nouveau Testament, la traversée de la Mer Rouge représente le processus de la mort.

Parfois, s'avancer avec foi semble destructeur. La traversée de la Mer Rouge est un outil puissant que Dieu a utilisé pour éliminer des ennemis. Traverser la Mer Rouge est un acte par lequel vous vous confiez à la grâce de Dieu.

Quand vous traversez la Mer Rouge, vous ne comptez pas sur l'argent, les amis, la famille, ou une quelconque aide naturelle.

Pharaon n'a pas pu traverser la Mer Rouge

Satan peut vous chasser et vous harceler, mais il y a certains endroits où il ne peut s'aventurer.

Le diable n'est ni omniscient ni tout-puissant. Pour échapper à Pharaon et à ses serviteurs, vous devez aller là où ils ne peuvent pas vous suivre. Lorsque vous sacrifiez au Seigneur, vous traversez la Mer Rouge.

Quand vous traversez la Mer Rouge, vous sacrifiez votre avenir et vous vous placez entre les mains de Dieu. Je suis sûr que vous savez que ce n'est pas une chose normale que de marcher sur les fonds marins avec un mur d'eau de part et d'autre. Que faire si vous restez coincé au milieu ? Que faire si les murs d'eau viennent à s'écrouler ?

> **Parle aux enfants d'Israël, qu'ils se détournent, et qu'ils campent devant Pi Hahiroth, entre Migdol et la mer, vis-à-vis de Baal Tsephon; c'est en face de ce lieu que vous camperez, près de la mer.**
>
> **Pharaon dira des enfants d'Israël, Ils sont égarés dans le pays; le désert les enferme. J'endurcirai le cœur de Pharaon, ET IL LES POURSUIVRA; mais Pharaon et toute son armée serviront à faire éclater ma gloire, et les Égyptiens sauront que je suis l'Éternel.**
>
> **Et les enfants d'Israël firent ainsi.**
>
> **Exode 14 : 2-4**

L'objectif de Pharaon (Satan) est de vous détourner du Christ. Pharaon a échoué dans sa tentative d'empêcher les gens de connaître leur Dieu. Cependant, Pharaon ne renonce pas facilement. Il dit : « Chassez-le, et traquez-le. Empêchez-le d'aller plus loin. »

Le diable vise à vous éloigner du ministère. Vous êtes-vous demandé pourquoi vous avez enduré de telles difficultés depuis que vous avez décidé de servir le Seigneur ? C'est parce que Pharaon vous pourchasse.

Le baptême de la mort

Paul nous enseigne que traverser la mer était un baptême pour les enfants d'Israël. C'était un baptême symbolique. Ils sont entrés dans les profondeurs de la mer et en sont ressortis.

Frères, je ne veux pas que vous ignoriez que nos pères ont tous été sous la nuée, QU'ILS ONT TOUS PASSEE AU TRAVERS DE LA MER, QU'ILS ONT TOUS ETE BAPTISES EN MOÏSE DANS LA NUEE ET DANS LA MER,

1 Corinthiens 10 : 1-2

Vous pouvez comparer cela à cet autre passage de la Bible :

Ignorez-vous que nous tous qui avons été baptisés en Jésus Christ, c'est en sa mort que nous avons été baptisés ? Nous avons donc été ensevelis avec lui PAR LE BAPTÊME EN SA MORT, afin que, comme Christ est ressuscité des morts par la gloire du Père, de même nous aussi nous marchions en nouveauté de vie.

Romains 6 : 3-4

Par le baptême, nous sommes symboliquement enterrés avec Jésus. Le baptême est donc un symbole de sacrifice et de mort. Quand vous traversez la Mer Rouge, vous éliminez Pharaon et ses serviteurs. Lorsque vous renoncez à vous-même, à vos désirs, à vos besoins et à vos volontés, vous éliminez Pharaon et tous les autres ennemis.

C'est ainsi que les enfants d'Israël se débarrassèrent de leurs ennemis : en sacrifiant leur vie dans la Mer Rouge. Dieu n'a commencé à se battre pour les Israélites qu'après leur entrée dans la Mer Rouge.

Lorsque nous n'avons pas peur de nous sacrifier et de traverser la Mer Rouge, lorsque nous nous laissons mourir en Christ, nos ennemis périssent derrière nous !

Si les Israélites avaient par peur refusé d'avancer, Pharaon les aurait rattrapés. Ils auraient été tués dans le désert. Beaucoup de gens meurent de ce qu'ils craignent. Les choses dont beaucoup d'entre nous ont peur finissent par arriver. Mourir dans la Mer Rouge vaut mieux que d'être tué dans le désert.

Débat au bord de la Mer Rouge

J'ai remarqué que certains étaient effrayés par le ministère à plein temps. Généralement, les gens restent loin du ministère par crainte de la pauvreté et du ridicule. Ils craignent de périr dans la Mer Rouge. J'ai vu ces mêmes personnes se tenir sur la rive de la Mer Rouge et discuter de leur intention, un jour, d'enfin traverser cette mer.

Ils disent des choses comme, « Oh, c'est mon but ultime. Et quant au ministère à plein temps, je sais que je vais finir par le faire. »

Ils poursuivent : « Je vais y arriver, de toute manière. Je sais dans mon cœur que c'est ce que je veux faire un jour. »

Ils expliquent : « Nous y arrivons tous un jour, mais à des moments différents. »

Puis j'ai vu Pharaon fondre sur ces personnes. Tout à coup, leur vie devient une longue bataille, alors qu'ils tentent de conjurer Pharaon et le système qui régit le monde. Très vite, ces gens qui étaient sur le point de traverser la Mer Rouge n'ont même plus le temps d'aller à l'église. Ils sont tout empêtrés avec Satan et avec le système du monde.

Êtes-vous coincé sur le bord de la Mer Rouge ?

Je n'arrive pas à croire qu'il va traverser

Lorsque vous donnez votre précieuse vie à Dieu, vous traversez la Mer Rouge. Quand vous confiez votre avenir à Dieu, vous traversez la Mer Rouge.

L'ennemi est sur le rivage et dit : « Je n'arrive pas à croire qu'il va y aller !! Je n'arrive pas à croire qu'il va donner sa vie. J'ai essayé de l'effrayer en lui parlant des dangers du ministère de la

Mer Rouge. » Le diable sait qu'il ne peut pas vous suivre dans votre sacrifice.

Satan se souvient qu'il a péri alors qu'il tentait de suivre Moïse.

Il se lamente : « Je ne peux pas le croire ! J'ai déjà fait cette expérience ! Je me souviens de ce qui m'est arrivé dans la Mer Rouge et je ne veux pas retourner dans la mer. » Le diable perdra le contrôle qu'il exerçait sur vous si vous abandonnez tout pour Dieu.

C'est vrai. Il perdra le contrôle. Le diable ne perd pas le contrôle à cause du message que vous avez entendu. Il ne disparaît pas après que nous vous ayons oint d'huile et que nous ayons prié pour vous.

Jusqu'à ce que vous traversiez la Mer Rouge, le monde exerce toujours un contrôle sur vous. Tant que vous êtes là et que vous refusez de vous engager, Pharaon peut vous atteindre ! Tant que vous refusez de mourir et d'abandonner ce à quoi vous êtes censé renoncer, le système qui régit le monde vous domine.

Pharaon, Dirty Daniel et Freaky Freda

Une belle jeune femme appelée Freaky Freda donna sa vie à Jésus-Christ et naquit de nouveau glorieusement. Elle avait eu plusieurs petits amis dans le passé. Slappy Jay, Ricky Zee, Kweku Killer, Big Bobo en faisaient tous partie. *Zee* !*

Son amant de l'époque, avec lequel elle avait l'intention de se marier, n'était autre que le très chic danseur et rappeur Dirty Daniel, l'artiste favori de ces dames.

Toutefois, elle avait assisté à une réunion matinale organisée par l'église et donné sa vie au Christ. Le moins que l'on puisse dire, c'est que Pharaon était très en colère d'avoir perdu une de ses esclaves.

---

* « *Zee* » est une expression familière propres à l'auteur

Pharaon pensait que cette jeune femme reviendrait en Égypte. Mais son engagement envers Dieu avait grandi. Lors d'une réunion de crise, Pharaon décida de la retrouver à tout prix ou de la tuer.

Pharaon mit au point un plan pour tuer Freaky Freda par le biais du HIV. Pharaon savait que Freaky Freda ne pouvait résister à Dirty Daniel.

Une nuit, Satan fit en sorte que Dirty Daniel soit contaminé par le HIV par son autre petite amie, Slippery Susie.

Pharaon sourit avec confiance alors qu'il chargeait Dirty Daniel d'infecter et de détruire Freaky Freda pour se venger de son infidélité.

Dirty Daniel appela Freaky Freda, « Salut bébé, tu me manques bébé. »

Il poursuivit : « Où étais tu ? Je t'ai appelé ce week-end. »

« Oh, j'assistais à un rassemblement religieux. », répondit-elle.

« Un rassemblement religieux, », a t-il rétorqué. « C'est-à-dire ? »

« Il s'agissait d'une réunion des responsables chrétiens dans ma nouvelle église » lui dit-elle.

« Oh, je vois. Quoi qu'il en soit, tu me manques. Je te manque, moi ? Je peux venir chez toi ce soir ? »

« Oui, moi aussi je voulais te voir. Je dois te dire quelque chose », répondit-elle. « Je serai chez moi de bonne heure. »

Pharaon et ses légions se réjouissaient à l'avance. « Le plan est efficace, nous allons mettre fin à cette rébellion. »

Mais cette nuit-là, Dirty Daniel eut le choc de sa vie.

Freaky Freda dit : « Non ! Je suis désolée, je ne peux pas poursuivre cette relation avec toi. »

« Tu ne m'aimes pas ? » demanda-t-il. « Tu ne veux pas m'épouser ? »

Elle lui dit en pleurant : « Ça n'a pas été facile pour moi, j'ai pleuré toute la journée. Mais j'ai décidé de sacrifier cette relation pour pouvoir servir le Seigneur. »

Au moment où Freaky Freda sacrifia sa relation avec Dirty Daniel, elle traversa la Mer Rouge et fut hors de portée de Pharaon. Pharaon et ses légions restèrent sur le rivage, en état de choc. Ils disaient, « Nous n'arrivons pas à croire qu'elle y va ! Nous n'arrivons pas à croire qu'elle le fait ! Nous perdons le contrôle de Freaky Freda. »

Le diable sait qu'il ne peut pas vous suivre dans votre sacrifice. Lorsque vous sacrifiez votre profession pour le Seigneur, Satan perd son influence sur votre vie.

Chapitre 13

Le sacrifice vous donne une place dans le ministère

[...] et tu oindras Élisée, fils de Schaphath, d'Abel Mehola, pour prophète à ta place.

1 Rois 19 : 16

Dieu a appelé beaucoup d'entre nous. Cependant, vous devez payer le prix afin de prendre votre place dans le ministère. Votre poste dans le ministère, c'est votre « place » dans le ministère. Tout le monde a une place ou une position qu'il occupe dans le ministère.

Cette place dans le ministère définit votre position devant Dieu. Elle vous identifie et vous classe parmi les nombreux serviteurs de Dieu. Vous avez besoin de payer le prix afin d'occuper votre place dans le ministère. Votre don et votre sacrifice déterminent votre place.

Offrir un cadeau OUVRE BIEN DES PORTES et permet de rencontrer des gens haut placés.

Proverbes 18 : 16 (La Bible en français courant)

Un jour, quand vous arriverez au Ciel, il y aura une place pour vous, ou pas. Cela dépendra de votre obéissance envers le Seigneur. Le cadeau que vous offrez crée un espace, et vous fait une place.

J'occupe une position spirituelle particulière dans mon pays. Aux portes spirituelles du pays et parmi les chefs spirituels, j'occupe une chaire en particulier. Ce n'est peut-être pas une position très élevée, mais en tous cas c'est une position. C'est la place que Dieu m'a donnée.

Dieu vous a peut-être donné une place dans le ministère. Dieu a préparé une place pour vous parmi les ministres.

Voulez-vous cette place ?

Aimez-vous cette place ?

Voulez-vous prendre votre place ou quelqu'un d'autre devra-t-il la prendre ?

Vous pouvez être remplacé

Même si vous êtes à votre place dans le ministère, vous pouvez être remplacé par quelqu'un d'autre. La place d'Élie dans le ministère a été donnée à Élisée. Il se plaignait du ministère. Il avait l'impression d'avoir fait tant de sacrifices pour le Seigneur. Il pensait à tort qu'il était le seul à faire quelque chose pour le Seigneur. Dieu lui dit : « Il existe sept mille pasteurs et églises que tu ne connais pas. »

Il y a plusieurs années, j'eus une vision étrange. Dans cette vision, je vis un homme assis sur un fauteuil. Je ne savais pas qui était cet homme. Soudain, une main apparut et cette main saisit l'homme par le col et le souleva de son fauteuil. Puis la main me souleva par le col et me plaça dans ce fauteuil. Le Seigneur me révélait que je remplaçais quelqu'un. Il me disait que je devais occuper un fauteuil que quelqu'un d'autre occupait auparavant.

Il y a plusieurs raisons pour lesquelles Dieu peut vous remplacer. Vous pouvez être remplacé si vous ne faites pas de sacrifice pour prendre votre place. Il y a une place parmi les héros chrétiens pour vous.

J'ai connu des gens qui manquèrent à occuper la place que Dieu leur avait donnée. Il ne fallut pas longtemps avant que quelqu'un d'autre ne prit cette place. Si vous ne parvenez pas à vous engager quand il le faut, d'autres seront amenés à vous remplacer.

Êtes-vous digne d'occuper la place ?

Jésus a été installé à la place d'honneur. Il est le seul à être assis à la droite de Dieu le Père. Il est celui qui a été autorisé à ouvrir et à lire le livre. Il a été jugé digne de faire ces choses parce qu'il est « l'agneau qui a été immolé ». « Tu es digne de prendre le livre et d'en ouvrir les sceaux, car tu es l'agneau qui a été immolé. »

Et je pleurai beaucoup de ce que PERSONNE NE FUT TROUVE DIGNE d'ouvrir le livre ni de le regarder [...] Et ils chantaient un cantique nouveau, en disant : TU ES DIGNE DE PRENDRE LE LIVRE et d'en ouvrir les sceaux; car tu as été immolé, et tu as racheté pour Dieu par ton sang des hommes de toute tribu, de toute langue, de tout peuple, et de toute nation;

Apocalypse 5 : 4,9

Le célèbre évangéliste

Lorsque vous écoutez un évangéliste prêcher, vous vous dites peut-être que vous prêcheriez mieux que lui. Toutefois, cela ne vous qualifie pas pour occuper sa place dans le ministère. Vous auriez beau en savoir plus que lui et avoir un meilleur caractère que lui, c'est à lui que Dieu lui a donné cette place dans le ministère.

Il existe beaucoup de questions et de spéculations au sujet des ministres qui ont du succès. Beaucoup se demandent pourquoi ces gens-là ont autant de succès. Pourquoi est-ce que tout le monde écoute cette personne ? Pourquoi est-ce que tout le monde vient à ses croisades ?

Cette personne occupe une place dans le ministère qui lui a été donnée par le Seigneur.

Un jour, alors que j'observais un célèbre évangéliste prêcher lors d'une croisade, je me dis : « Je pourrais probablement mieux prêcher ce message. » J'étais étonné que des milliers de personnes se soient rassemblées pour entendre un tel message. Quand il fut temps de prier pour demander des miracles, il n'y eut guère de guérisons. Pourtant, la foule continua à venir, nuit après nuit.

Je me fis la réflexion que personne ne serait venu pour entendre ma « bonne prédication » si c'était ma croisade. Le Seigneur s'adressa à moi et me dit : « J'ai donné une place à cet homme de Dieu. Il occupe une position qu'il n'a pas créée par lui-même. Il a payé un prix pour être à cette place. Il n'est pas là à cause de la qualité de sa prédication, de son organisation ou même de ses guérisons, mais il est à la place que Je lui ai donnée »

Qu'avez-vous traversé ?

J'avais jadis fondé une association de pasteurs.

Un ministre expérimenté m'avait demandé : « Que croyez-vous faire ? Savez-vous ce que cela signifie de fonder une association d'églises et de pasteurs ? »

Puis il m'avait demandé : « Qu'avez-vous traversé, qu'avez-vous souffert, à quoi avez-vous survécu ? »

Ce qu'il me demandait était « Avez-vous payé le prix pour diriger une association d'églises et de pasteurs ? »

Il avait poursuivi : « J'ai dû faire face au prince de cette nation. Qu'avez-vous vécu, qu'avez-vous souffert, à quoi avez-vous survécu ? »

Plus tard, je racontais à ce même pasteur comment le gouvernement me persécutait.

Il savait déjà que le gouvernement de l'époque avait brisé nos murs et nous avait attaqués au milieu de la nuit.

Mais je lui expliquai, « Ce n'est pas tout. Après avoir cassé nos murs, ils ont envoyé des agents du service des impôts pour nous harceler. Tous mes pasteurs furent soumis à un contrôle fiscal. Puis ils ont dirigé leur attention sur moi personnellement. »

J'avais dû remplir différents formulaires et avais été longuement interrogé dans leurs bureaux. Ils voulaient tout savoir sur ma voiture, ma maison, mon argent, etc. J'avais envoyé mon chef comptable, mais ils avaient refusé de le recevoir. Ils avaient insisté pour que je vienne ; ils voulaient me voir. Le lauréat du prix du meilleur fiscaliste de l'année m'avait interrogé.

Comme je racontais mes malheurs à ce ministre chevronné, il rit et me serra la main. Surpris, je lui demandai pourquoi il me donnait une « tape dans le dos ».

Il répondit : « Félicitations. J'ai rempli ce formulaire à cinq reprises. J'ai vécu ces procédés cinq fois. »

Il me félicita, en disant que je prenais de la maturité et que je payais le prix pour occuper une place élevée dans le ministère.

Donc, vous voyez, avant de pouvoir occuper certains postes, vous devez en payer le prix. Lorsque vous payez le prix, vous prenez la place que Dieu a préparée pour vous.

Elisée a payé le prix pour la place d'élie

Élisée a payé le prix pour prendre la place d'Élie. Quand Élie est venu vers Élisée, il a jeté son manteau sur lui. Élisée fut surpris. Il savait qu'Élie l'appelait. Élie lui-même en était si triste. Il savait qu'Élisée allait faire un grand sacrifice.

« *Que t'ai-je fait ? Qu'ai-je fait ?* » demanda Élie.

Élisée dit à ses associés qu'il démissionnait. Il prit ses bœufs et mit fin à ses activités d'un seul coup. Il partagea son entreprise et s'en éloigna. Il se dit, « C'est fini, je ne peux pas revenir en arrière. » Il allait suivre Élie. Élisée a payé le prix pour être à la place d'Élie.

Josué a payé le prix pour prendre le relais de Moïse. Pierre, Jacques et Jean ont payé le prix pour être des apôtres.

Combien vont vivre pour Jésus et Lui offrir des sacrifices ? Combien vont assumer leur place et en payer le prix ?

Allez-y. Dieu a une place pour vous. Dieu avait une place pour moi et je crois qu'Il en a une pour vous. Je crois qu'il y a d'autres places à occuper et j'ai l'intention d'être là. Vous devez être déterminé à occuper la place que Dieu vous destine.

Chapitre 14

Le sacrifice apporte la gloire dans votre ministère

Moïse apporte la gloire par le sacrifice

Aaron agita de côté et d'autre devant l'ÉTERNEL les poitrines et l'épaule droite, comme Moïse l'avait ordonné.

Aaron leva ses mains vers le peuple, et il le bénit. Puis il descendit, après avoir offert le sacrifice d'expiation, l'holocauste et le sacrifice d'actions de grâces.

Moïse et Aaron entrèrent dans la tente d'assignation. Lorsqu'ils en sortirent, ils bénirent le peuple. ET LA GLOIRE DE L'ÉTERNEL APPARUT à tout le peuple.

Le feu sortit de devant l'ÉTERNEL, et consuma sur l'autel l'holocauste et les graisses. Tout le peuple le vit; et ils poussèrent des cris de joie, et se jetèrent sur leur face.

Lévitique 9 : 21-24

Comme vous pouvez le voir dans ce récit, quand les Israélites ont offert un sacrifice, la gloire de Dieu s'est révélée. Voulez-vous voir la gloire de Dieu dans votre vie ? Alors, ne reculez pas devant le sacrifice que Dieu a placé devant vous. Un ministre qui a reçu la gloire de Dieu dans sa vie en a payé le prix.

Salomon apporte la gloire par le sacrifice

[...] en ce moment, la maison, la maison de l'ÉTERNEL fut remplie d'une nuée. Les sacrificateurs ne purent pas y rester pour faire le service, à cause de la nuée; car la gloire de l'Éternel remplissait la maison de Dieu.

2 Chroniques 5 : 13-14

Dans ce récit, Salomon avait sacrifié des milliers de bœufs. Salomon avait fait beaucoup de sacrifices au Seigneur. Soudain, la gloire avait empli le temple et personne n'avait pu y rester pour y faire le service. Dieu avait apparemment été ému par le sacrifice. Dieu est toujours ému par votre sacrifice.

Le prix de la gloire est le même

J'ai remarqué qu'il n'existe pas de ministre couronné de succès qui n'ait vécu des souffrances et des difficultés.

Récemment, un ministre en visite, dont je connaissais peu le ministère, est venu parler dans notre église. Comme il partageait le témoignage de sa vie, je m'émerveillai du fait que ce principe se retrouvait dans la vie de chacun d'entre nous.

Il était passé par de nombreuses épreuves.

Il avait souffert de la faim à plusieurs reprises, il avait soutenu sa femme à plusieurs reprises.

Il s'était retrouvé sans argent et sans nourriture de nombreuses fois. Cet homme était un ministre couronné de succès dans son pays, mais l'histoire du sacrifice était la même. L'histoire est la même partout. C'est le sacrifice qui apporte la gloire de Dieu !

David amène la gloire par le sacrifice

> **On vint dire au roi David : L'ÉTERNEL a béni la maison d'Obed Édom et tout ce qui est à lui, à cause de l'arche de Dieu. David se mit en route, et il fit monter l'arche de Dieu depuis la maison d'Obed Édom jusqu'à la cité de David, au milieu des réjouissances. Quand ceux qui portaient l'arche de l'Éternel eurent fait six pas, on sacrifia un bœuf et un veau gras.**
>
> **2 Samuel 6 : 12-13**

Cette histoire nous montre comment le roi David fit d'innombrables sacrifices en apportant l'arche de Dieu. L'arche de Dieu représente l'onction. L'arche représente la gloire de

Dieu. Tous les six pas, on sacrifiait un bœuf et un veau gras. Pouvez-vous imaginer combien de sacrifices ont été faits de la maison d'Obed-Edom à la Ville de David ?

Ce voyage de David symbolise que le sacrifice apporte la gloire.

Il est temps de croire en Sa gloire. Attendez-vous à la gloire alors que vous servez le Seigneur. Attendez-vous à la gloire sur la terre comme au Ciel.

Donnez-vous à Lui. La gloire de Dieu mérite votre sacrifice !

Section 4
MOURIR

Chapitre 15

La croix - le symbole de la mort

La vieille croix rustique (traduction libre)

Sur une colline au loin se trouvait une vieille croix rustique,
L'emblème de la souffrance et la honte;
Et j'aime cette vieille croix où le meilleur et le plus chérit
Pour un monde de pécheurs perdus ont péri.

Refrain :
Alors je chérirai la vieille croix rustique,
Comme le dernier de mes trophées pour finir allongé ;
Je m'agripperai à la vieille croix rustique,
Et l'échangerai un jour pour une couronne.
O vieille croix rustique, si méprisée par le monde,
Qui a une attraction merveilleuse pour moi ;
Pour ce cher Agneau de Dieu qui a laissé sa gloire en haut
Pour la porter sur le Calvaire obscur.

Sur cette vieille croix rustique, tachée de sang si divin,
Que je vois comme une merveilleuse beauté,
Car c'était sur cette vieille croix que Jésus a souffert et est mort,
Pour me pardonner et de me consacrer.

Pour la vieille croix rustique je serai toujours vrai ;
Sa honte, ses reproches, je les porte volontiers ;
Puis dans ma maison lointaine il m'appellera un jour,
Pour que je partage à jamais sa gloire.

George Bennard

La croix de Jésus-Christ est le symbole du Christianisme et de beaucoup de vérités. Chaque fois que vous voyez la croix, vous devez vous rappeler ce qu'elle symbolise.

Le symbole du Christianisme n'est pas un parapluie, un éléphant, un fruit ou un oiseau. Le symbole du Christianisme est la croix de Jésus-Christ. Ce symbole a une signification importante qui doit être comprise par tous les chrétiens.

La croix est le véritable symbole du Christianisme. J'ai une croix dans ma chambre parce qu'elle est le symbole du Christ, le symbole du Christianisme et le symbole de l'Église !

Je me souviens d'un des hommes politiques de mon pays. Il était l'un des ministres les plus influents du gouvernement et avait été invité à un mariage dans notre église.

Après la cérémonie, il est venu dans mon bureau pour me rencontrer. Comme il s'asseyait, j'ai remarqué qu'il portait l'emblème de son parti politique à son revers. J'étais stupéfait de l'audace de cet homme politique. Il portait le symbole de son parti, même à un mariage !

Même si son parti politique était devenu impopulaire, il arborait son symbole avec fierté. Son parti avait conduit le pays vers des moments difficiles, mais il n'en avait pas honte.

Si les infidèles n'ont pas honte de leurs emplois vains et temporaires, nous ne devons pas avoir honte de la croix de Jésus-Christ.

Elle est notre symbole, le symbole de l'obéissance et du sacrifice ! Voici quelques-unes des significations de ce merveilleux symbole.

1. La croix est le SYMBOLE DE LA MORT dont vous devez faire l'expérience.

Mais celui qui a été abaissé pour un peu de temps au-dessous des anges, Jésus, nous le voyons couronné de gloire et d'honneur à cause de LA MORT QU'IL A SOUFFERTE, afin que, par la grâce de Dieu, il souffrît la mort pour tous.

Hébreux 2 : 9

> **Puis il dit à *tous* : Si *quelqu'un* veut venir après moi, qu'il renonce à lui-même, qu'il se charge chaque jour de sa croix, et qu'il me suive.**
>
> **Luc 9 : 23**

La croix de Jésus-Christ symbolise de nombreuses choses mais elle est surtout un symbole de mort. Une personne portant une croix s'avançait vers sa mort. Quand Jésus nous dit de porter notre croix, il nous dit d'aller vers un endroit où nous allons mourir et perdre notre vie.

L'essence du Christianisme, c'est mourir afin de vivre une vie nouvelle en Jésus Christ. Ceux qui prêchent la réussite, la bonne chère et la prospérité sont contraints d'ignorer ces aspects « sombres et brutaux » de l'Écriture.

Et pourtant, il y a tellement de références à la perte, à la souffrance, au sacrifice et à la mort dans la Bible. La mort dont nous parlons en parlant de la croix n'est pas la fin de notre vie physique. C'est la disparition de vous-même, de vos rêves, vos visions, vos projets, votre avenir, et l'émergence des plans et des rêves de Dieu et de la vision qu'Il a de votre existence sur Terre.

C'est évidemment une expérience douloureuse que de tout perdre et de tout abandonner pour l'Évangile de Jésus-Christ.

Quand Paul parle de sa vie, il explique avoir souffert de la perte de toutes choses.

Pourquoi vous devez mourir

Vous devez « mourir » pour Jésus, car la vie d'autrefois que vous alliez vivre n'est pas digne d'être vécue. Dieu vous réserve une vie nouvelle. Toute personne utilisée par le Seigneur subit un processus de mort par lequel son ancienne vie disparaît et une nouvelle vie apparaît.

Un jour, ma mère était venue assister au service. Elle observa qu'elle n'arrivait pas à reconnaître son propre fils qui prêchait. « Est-ce mon garçon, mon fils ? »

La plupart des chrétiens vivent leur vie sur terre sans jamais mourir à eux-mêmes, et par conséquent, sans jamais devenir ce que Dieu voulait qu'ils soient.

Vous devez mourir pour Jésus afin de pouvoir vivre par la foi. « J'ai été crucifié avec Christ; et si je vis, ce n'est plus moi qui vis, c'est Christ qui vit en moi; si je vis maintenant dans la chair, je vis dans la foi au Fils de Dieu, qui m'a aimé et qui s'est livré lui-même pour moi. » (Galates 2 : 20).

Vivre par la foi est l'aventure la plus passionnante que vous puissiez vivre sur la terre. C'est une vie de confiance en Dieu. C'est une vie de confiance en Dieu pour tout ce qui est présent, passé et à venir. L'apôtre Paul a décrit comment il était mort vis-à-vis de son passé. Il s'est complètement coupé de son passé. Vous serez également complètement coupé des choses passées de votre vie si vous suivez Jésus.

2. La croix est le SYMBOLE DU PRIX que les chrétiens doivent payer.

Il y a un prix à payer pour devenir chrétien. C'est la plus grande délivrance pour un être humain que de devenir chrétien. Ce ne fut pas sans prix, ni facile pour le Christ d'acheter notre salut avec son sang. Chaque fois que vous voyez la croix, vous devez vous rappeler du prix qui a été payé pour notre salut. Jésus a payé le prix et *vous aurez* également un prix à payer pour le suivre.

Car vous avez été rachetés à un grand prix. Glorifiez donc Dieu dans votre corps et dans votre esprit, qui appartiennent à Dieu.
1 Corinthiens 6 : 20

3. La croix est le SYMBOLE DE L'AMOUR DE DIEU que vous devez imiter.

Grâce à la croix de Jésus-Christ, nous percevons l'amour de Dieu et nous avons conscience de Sa compassion pour les égarés. La croix est le symbole de l'amour de Dieu pour l'humanité.

Nous avons connu l'amour, en ce qu'il a donné sa vie pour nous; nous aussi, nous devons donner notre vie pour les frères.

1 Jean 3 : 16

4. La croix est le SYMBOLE DE L'OBÉISSANCE.

Par la croix, nous voyons comment Jésus-Christ a été obéissant jusqu'à la mort. La croix de Jésus-Christ est donc le plus grand symbole de l'obéissance.

Et ayant paru comme un simple homme, il s'est humilié lui-même, se rendant obéissant jusqu'à la mort, même jusqu'à la mort de la croix.

Philippiens 2 : 8

5. La croix est le SYMBOLE DU SACRIFICE.

La croix de Jésus est le symbole du sacrifice que nous devons tous faire pour servir le Seigneur.

Et marchez dans la charité, à l'exemple de Christ, qui nous a aimés, et qui s'est livré lui-même à Dieu pour nous comme une offrande et un sacrifice de bonne odeur.

Éphésiens 5 : 2

6. La croix est le SYMBOLE DE L'HUMILITÉ.

Par la croix, Jésus-Christ s'est humilié jusqu'à l'extrême. Il se discrédita lui même et se laissa couvrir de honte, d'infamie et de mépris par des pécheurs. La croix est véritablement un symbole d'humilité.

Et ayant paru comme un simple homme, il s'est humilié lui-même, se rendant obéissant jusqu'à la mort, même jusqu'à la mort de la croix.

Philippiens 2 : 8

7. **La croix de Jésus-Christ est un SYMBOLE DU SANG de Jésus-Christ.**

La croix de Jésus-Christ a été l'instrument qui a servi à prendre la vie du Fils de Dieu. La croix de bois a brisé le corps de Jésus-Christ et a répandu son sang. Lorsque nous demandons aux gens de venir à la croix, nous leur demandons de venir au sang versé de Jésus-Christ.

Il a voulu par lui réconcilier tout avec lui-même, tant ce qui est sur la terre, que ce qui est dans les cieux, en faisant la paix par lui, par le sang de sa croix.

Colossiens 1 : 20

Chapitre 16

Pourquoi vous devez prêcher la croix

La croix de Jésus Christ est le plus grand secret de la puissance dans le ministère. La puissance de la croix est d'une grande portée. La puissance de la croix est diverse dans son application et ses effets.

Vous devez prêcher la croix de Jésus Christ, car elle va ramener la puissance de Dieu.

> **Car la prédication de la croix est une folie pour ceux qui périssent; mais pour nous qui sommes sauvés, elle est une puissance de Dieu.**
> **1 Corinthiens 1 : 18**

Il y a quelques années, j'ai lu un livre écrit par un prophète bien connu dans lequel il décrit une rencontre avec l'Apôtre Paul dans le cadre d'une vision. J'ai été stupéfait par le récit de son échange avec Paul. Paul lui avait dit, « Sauf dans quelques endroits du monde, nous reconnaissons à peine le ministère ou le message qui est prêché aujourd'hui. »

Il continua, « *Lorsque nous étions au service de Dieu, être dans le ministère était le plus grand sacrifice que l'on pouvait faire, ce qui s'est reflété dans le message du plus grand sacrifice jamais fait : la croix.* »

Quelques mois plus tard, je marchais sur un terrain de golf en Angleterre avec un des mes amis pasteurs. Comme nous marchions et parlions, le Seigneur s'adressa à moi.

Il me dit, « Prêche le sacrifice. »

Je répondis : « Seigneur, je ne sais rien du sacrifice. Je n'ai jamais prêché à ce sujet. » Néanmoins, je devais lui obéir.

Je crois en la vision de l'Apôtre Paul par le prophète. Je suis d'accord, également, sur le fait que le message et le ministère de l'Église d'aujourd'hui sont tout à fait différents de ceux de l'Église primitive. Le concept de tout sacrifier à Dieu est étranger à la plupart des chrétiens d'aujourd'hui.

Le point de mire du Christianisme aujourd'hui, c'est l'argent, la prospérité, la position sociale, la sécurité et l'autoconservation. Les objectifs de la plupart des chrétiens sont d'obtenir plus d'argent, de maisons, de voitures, et de sécurité. Même les pasteurs mesurent leur succès par la somme d'argent qu'ils possèdent, et par le montant des offrandes dans leurs églises.

La prédication de la croix versus la prédication de la réussite

Le message de l'Église est devenu l'enseignement de la façon d'avoir une vie meilleure sur terre. Le message de la prospérité est devenu le message de l'Église.

Les membres de l'Église sont placés en position de récipiendaires : « Oui, Seigneur, je reçois ! » C'est le slogan de l'Église ! Mais il est temps pour nous de nous présenter devant le Seigneur comme des gens qui ont quelque chose à donner. L'Église doit être considérée comme un groupe de personnes qui se sacrifient pour le Royaume et non pas comme un groupe de personnes qui ne font que recevoir des bénédictions.

Vous remarquerez que chaque fois que l'Église organise un service de miracle, la fréquentation est différente de celle d'un service d'enseignement. Toute réunion qui appelle à une forme de travail, comme témoigner ou prier, est peu fréquentée. Par contre, la foule se presse quand elle s'attend à recevoir des miracles. Mais l'Église est censée être un endroit où nous « prenons notre croix et Le suivons ».

L'argent n'a jamais permis de mesurer l'approbation de Dieu à notre égard et ne le sera jamais. La Bible enseigne clairement que dans les derniers jours, certains vont penser que le gain est la piété.

> Les vaines discussions d'hommes corrompus d'entendement, privés de la vérité, et croyant que LA PIÉTÉ EST UNE SOURCE DE GAIN [...] Pour toi, homme de Dieu, fuis ces choses [...]
>
> 1 Timothée 6 : 5

« Sacrifier » signifie « donner quelque chose ». C'est un thème central de la Bible. Beaucoup d'entre nous ont découvert le sens du mot *sacrifice* dans la Bible. Nous avons lu au sujet du sacrifice d'Abraham, du sacrifice d'Isaac et du sacrifice de Jacob. Tout au long de l'Ancien Testament, nous voyons les Israélites faire continuellement des sacrifices à Dieu. Vous ne pouvez pas penser à un prophète de Dieu dans la Bible sans penser aux sacrifices. Vous ne pouvez pas penser à Élie sans penser à son expérience avec les 400 prophètes de Baal.

Pourtant, aujourd'hui, *le sacrifice* est un sujet tabou. Aujourd'hui, le thème de notre prédication, c'est la prospérité, les miracles et les bénédictions. L'Église a totalement abandonné le message originel du sacrifice. L'Église n'est plus que l'ombre de l'Église d'autrefois ; peureuse et impuissante. Les autres religions ne cessent de nous démontrer l'essence et la pratique du sacrifice.

Le message du sacrifice est très pertinent pour nous tous aujourd'hui. L'enseignement du sacrifice doit être réintégré dans l'Église sinon nous continuerons à n'être que l'ombre de la véritable Église !

Votre cœur suit votre sacrifice

> Mais amassez-vous des trésors dans le ciel, où la teigne et la rouille ne détruisent point, et où les voleurs ne percent ni ne dérobent. CAR LÀ OÙ EST TON TRÉSOR, LÀ AUSSI SERA TON CŒUR.
>
> Matthieu 6 : 20-21

Votre cœur sera là où est votre trésor. Lorsque je suis devenu pasteur, le Seigneur m'a demandé de mettre beaucoup de mon propre argent dans le ministère. Le Seigneur m'a fait faire de nombreux dons sacrificiels pour aider l'Église naissante. Voyez-vous, quand vous mettez votre argent dans l'Église, votre cœur suit le mouvement.

Que votre cœur soit avec Dieu ! Quand votre cœur est avec Dieu, vous êtes prêt à faire des sacrifices, vous êtes prêt à mourir pour ce en quoi vous croyez ! Non pas parce que vous avez quelque vocation spéciale, mais parce que vous croyez ce en quoi vous dites croire !

Tout pour Christ

Mais ces qualités que je regardais comme un gain, je les considère maintenant comme une perte à cause du Christ. Et je considère même toute chose comme une perte en comparaison de ce bien suprême : connaître Jésus-Christ mon Seigneur je me suis privé de tout avantage personnel ; je considère tout cela comme des déchets Tout ce que je désire, c'est de connaître le Christ

Philippiens 3 : 7-10
(La Bible en français courant)

Mais ces choses qui étaient pour moi des gains, je les ai regardées comme une perte, à cause de Christ. Et même je regarde toutes choses comme une perte, à cause de l'excellence de la connaissance de Jésus Christ mon Seigneur, pour lequel j'ai renoncé à tout, et je les regarde comme de la boue, afin de gagner Christ,

Philippiens 3 : 7-8

Paul a fait beaucoup de sacrifices pour sa foi et s'en est réjoui. Il est impossible de vivre pour Dieu sans en payer le prix. Jésus a dit qu'à moins que le grain de blé tombé en terre ne meure, il demeure seul. La graine doit toujours mourir afin de porter ses fruits. Certaines personnes veulent être des pasteurs sans en payer le prix. Soyez honnête avec vous-même et acceptez la réalité du sacrifice.

Le Livre des Martyrs de John Foxe inclut plusieurs récits consacrés à ceux qui ont été tués pour leur foi. Il y en a eu beaucoup. Certains ont été mangés par des lions. Je n'aimerais pas être mangé par un lion. J'ai été mordu par un lion autrefois et ce ne fut pas une expérience agréable. J'ai déjà vu un lion déjeuner et je ne voudrais pas être son souper.

Certains des premiers chrétiens ont été pendus sur des croix. Certains pensaient qu'ils n'étaient pas dignes d'être crucifiés de la même manière que leur Maître Jésus. Ils ont donc demandé à être crucifié la tête en bas.

Portez votre croix chaque jour

Par lui, offrons sans cesse à Dieu un sacrifice de louange, c'est-à-dire le fruit de lèvres qui confessent son nom

Hébreux 13 : 15

Je vous exhorte donc, frères, par les compassions de Dieu, à offrir vos corps comme un sacrifice vivant, saint, agréable à Dieu, ce qui sera de votre part un culte raisonnable.

Romains 12 : 1

À l'époque du temple, les sacrifices au Seigneur étaient quotidiens. Cela faisait partie du service de Dieu et de Son culte. C'était une chose qu'ils faisaient quotidiennement pour le Seigneur. Il n'y a rien de comparable à un sacrifice que vous faites une seule fois pour toute votre vie.

Dieu vous demande d'offrir votre corps comme un sacrifice vivant ! Ce type de sacrifice est un sacrifice éternel, quelque chose qui se poursuit indéfiniment. *C'est sans fin* !

Un martyr a dit : « J'ai servi le Seigneur pendant quatre-vingt-quatre ans. Pourquoi devrais-je renier mon Seigneur maintenant ? Quel mal m'a-t-il fait ? » Quelqu'un qui a la foi ne reniera jamais le Seigneur !

Chapitre 17

Pourquoi vous devez porter votre croix

De quelle croix parlons-nous ? *Votre* croix ou *Sa* croix ? Et bien, nous parlons des deux. Nous parlons de la croix de Jésus-Christ et de son impact.

Nous allons étudier l'impact que la croix de Jésus-Christ a eu sur le monde. Nous en déduisons donc que *votre* croix aura également une grande influence sur le monde.

La croix symbolise quelque chose à laquelle à la fois Jésus et ses disciples prennent part. Jésus a dit à ses disciples de prendre *leur* croix.

Christ étend ainsi son expérience de la croix à ses disciples. Parce que l'expérience de la croix est étendue aux disciples de Jésus, les pouvoirs transmis par la croix sont également étendus aux fidèles qui prennent leur croix. Dans ce chapitre, vous en apprendrez davantage sur votre croix et sur les pouvoirs qu'elle peut libérer dans votre vie.

1. **Vous devez porter votre croix, car la croix a le pouvoir de faire disparaître les péchés.**

   Autrement, il aurait fallu qu'il eût souffert plusieurs fois depuis la création du monde, tandis que maintenant, à la fin des siècles, il a paru une seule fois pour ABOLIR LE PÉCHÉ PAR SON SACRIFICE.

   Hébreux 9 : 26

   Quand quelqu'un fait de grands sacrifices, ses défauts semblent s'estomper.

   Quand les chrétiens font de grands sacrifices pour l'œuvre du Seigneur, les gens ont tendance à ignorer leurs défauts.

Tout le monde sait que vous êtes un être imparfait. Mais quand vous faites des sacrifices pour le Seigneur, ce sont ces sacrifices qui ressortent et ils minimisent vos imperfections. Les grands sacrifices ont tendance à faire oublier vos défauts apparents.

La croix de Jésus-Christ a aboli les péchés du monde entier. De même, vos grands sacrifices pour le Seigneur rendront vos péchés et vos défauts insignifiants en comparaison de ce que vous avez fait pour le Seigneur.

2. Porter votre croix a le pouvoir de vous faire mourir au péché et vivre pour la justice.

Lui qui a porté lui-même nos péchés en son corps sur le bois, afin que morts aux péchés NOUS VIVIONS POUR LA JUSTICE ; lui par les meurtrissures duquel vous avez été guéris.

1 Pierre 2 : 24

La croix de Jésus-Christ fit mourir de nombreuses personnes au péché et les fit vivre pour la justice. De la même manière, une personne qui fait des sacrifices, inspire de nombreuses personnes à mourir au péché et à vivre dans la justice.

Souvent, une personne en inspire beaucoup d'autres à faire quelque chose pour le Seigneur. Mère Teresa a inspiré de nombreuses personnes à vivre pour la justice. En prenant sa croix et en mourant à elle même, elle a vécu une vie de foi en Dieu. La vie de femme ordinaire qu'elle aurait pu vivre était différente de la vie de nonne qu'elle a vécue. Elle est morte à elle-même et a vécu par la foi.

3. Une croix libère une puissance capable de vous amener à ne plus vivre pour vous-mêmes.

Et qu'il est mort pour tous, afin que ceux qui vivent NE VIVENT PLUS POUR EUX-MÊMES, mais pour celui qui est mort et ressuscité pour eux.

2 Corinthiens 5 : 15

Bien que votre croix soit différente de la croix de Jésus Christ, elle aura le même impact que la croix du Christ. La croix de Jésus-Christ amène les personnes à *ne pas* vivre pour elles-mêmes. *Votre* croix amène également les personnes à ne pas vivre pour elles-mêmes !

La plupart des gens vivent pour eux-mêmes, faisant ce qui leur plaît et les satisfait. La plupart d'entre nous ne pensent pas à abandonner quoi que ce soit pour le Seigneur. Mais Jésus-Christ est mort pour nous et a libéré la puissance qui inspira aux personnes de ne pas vivre pour elles-mêmes, mais pour une cause plus élevée.

C'est l'une des conséquences les plus évidentes de la croix de Jésus, créant ainsi une armée de disciples zélés. Si vous portez votre croix, vous aussi libérerez une puissance pouvant amener les gens à vivre pour une cause supérieure. Je ne m'attendais pas à ce que d'autres médecins abandonnent leur profession pour suivre Jésus. J'ai été surpris par l'effet que l'abandon de ma carrière médicale a eu sur d'autres médecins.

Aujourd'hui, je peux dénombrer plus de dix médecins qui, eux aussi, ont abandonné leur vie de médecin et ont choisi d'être des ministres de l'Évangile.

Votre croix inspirera certainement certaines personnes à ne pas vivre pour elles-mêmes, mais pour une cause plus élevée. Peut-être prêchez-vous les mêmes sermons que quelqu'un d'autre et vous demandez-vous pourquoi ils ne semblent pas autant inspirer les gens à changer leur vie ?

Cher ami, un bon message avec une bonne présentation PowerPoint ne remplace pas le fait de porter *votre* croix. C'est l'absence de la puissance de la croix qui rend vos sermons et votre ministère inefficaces.

4. Une croix libère la puissance qui vous permet de crucifier le monde pour vous.

Pour ce qui me concerne, loin de moi la pensée de me glorifier d'autre chose que de la croix de notre Seigneur

Jésus-Christ, PAR QUI LE MONDE EST CRUCIFIE POUR MOI, comme je le suis pour le monde.

Galates 6 : 14

Aujourd'hui, les gens mondains se promènent librement dans la maison du Seigneur. Les incroyants se sentent chez eux à l'Église parce que l'Église ne demande pas de sacrifice ou de changement personnel.

Les désirs mondains et les objectifs des gens mondains sont devenus les désirs et les objectifs de l'Église.

Les pasteurs désirent être de riches administrateurs comme les dirigeants d'entreprises. Les femmes désirent s'habiller comme les mannequins qu'elles voient à la télévision et leur ressembler. L'immoralité, la fornication et le VIH sont aussi répandus dans l'Église que dans le monde. Pourquoi ?

Pourquoi le monde est-il accolé à l'Église ?

Pourquoi les objectifs, les buts, les rêves, les aspirations de la majorité des chrétiens sont-ils les mêmes que les objectifs et les aspirations des non-croyants diabolisés dans le monde ? Pourquoi sommes-nous devenus si mondains ?

Parce que la croix a été jetée hors de l'Église et remplacée par des fleurs, des décorations et des projecteurs.

La croix de Jésus-Christ libérait la puissance par laquelle la séparation d'avec le monde pouvait se produire. Grâce à l'enseignement du sacrifice et de la mort au monde et à ses plaisirs, les chrétiens se lèveront de nouveau, avec le pouvoir d'être séparés du monde, de ses désirs, ses attractions et ses idéaux.

Grâce à la puissance d'une croix, cela ne dérangera pas un chrétien d'être l'intrus parmi une foule d'incroyants.

Grâce à la puissance d'une croix, cela ne dérangera pas un jeune garçon ou une jeune fille d'être vierge quand tout le monde autour de lui a eu de nombreuses expériences sexuelles.

Grâce aux pouvoirs d'une croix, cela ne dérangera pas un jeune homme ne s'en voudra pas de renoncer à une vie de richesse et de succès pour poursuivre une humble carrière de ministre de l'Évangile.

Grâce aux pouvoirs d'une croix, cela ne dérangera pas une femme de porter des habits démodés si c'est ce qu'elle doit faire pour être décemment vêtue.

Jésus Christ lui-même s'est offert sur la croix pour nous sauver de ce monde mauvais.

> **Qui s'est donné lui même pour nos péchés, afin de nous arracher du présent siècle mauvais, selon la volonté de notre Dieu et Père,**
>
> **Galates 1 : 4**

C'est parce que la croix est absente de l'Église que le monde et l'Église se ressemblent tant. C'est pour cette raison que nous pouvons difficilement voir la différence entre les chrétiens et les non-chrétiens mondains

5. **Porter votre croix vous permettra de commencer une nouvelle vie de foi et de ministère.**

> **J'ai été crucifié avec Christ; et si je vis, ce n'est plus moi qui vis, c'est Christ qui vit en moi; si je vis maintenant dans la chair, je vis dans la foi au Fils de Dieu, qui m'a aimé et qui s'est livré lui-même pour moi.**
>
> **Galates 2 : 20**

Une vie nouvelle attend celui qui est prêt à porter sa croix. Vous ne ferez jamais l'expérience de cette vie tant que vous ne porterez pas votre croix.

Une vie américaine et le rêve américain attendent toute personne capable de prendre un vol pour les États-Unis. Vous n'aurez jamais cette vie américaine ou ce rêve américain tant que vous ne prendrez pas cet avion.

De même, vous ne saurez pas ce que Dieu vous réserve tant que vous ne porterez pas votre croix et ne mourrez pas pour lui.

Paul dit qu'il a été crucifié avec le Christ et nous devons tous être crucifiés avec le Christ. Ce n'est pas seulement le Christ qui doit être crucifié sur une croix. Nous devons tous être crucifiés sur une croix. Si vous êtes crucifié avec le Christ, vous ne deviendrez pas ce que vous auriez été dans votre vie naturelle. Vous deviendrez quelqu'un d'autre. Paul l'a décrit comme « *la vie* que je vis maintenant ».

Certaines personnes rêvaient enfants de devenir médecins ou avocats. Lorsque Dieu les a appelés et choisis, ils ont refusé de renoncer à ces rêves d'enfant. Ils ont insisté pour être médecins et avocats au lieu d'abandonner ces rêves pour être crucifiés sur la croix. De toute évidence, le Seigneur permet à de nombreuses personnes de faire ce qu'elles veulent parce qu'Il ne veut forcer personne à Lui obéir !

S'ils avaient crucifié leur vie naturelle et Lui avaient donné leur vie, ils seraient devenus quelqu'un d'autre et auraient vécu une vie totalement différente.

Je ne peux dire s'ils auraient eu une vie de richesses et de récompenses terrestres, mais ils auraient certainement eu une vie de foi et d'aventure. Une vie de foi et de confiance en Dieu ! Ces médecins et avocats auraient été en mesure de dire comme Paul : « la vie que nous vivons maintenant, nous la vivons dans la foi au Fils de Dieu ».

Il n'y a évidemment aucune ressemblance entre la vie que je vis maintenant et la vie que j'aurais vécue. Cette vie-là a disparu à jamais. J'aurais vécu la vie d'un médecin et aurais eu les amis et les collègues d'un médecin. Aujourd'hui, je vis la vie d'un pasteur et d'un serviteur du Seigneur. Quelle vie j'aurais laissé passer si j'avais refusé d'être crucifié avec le Christ.

Ô quelle vie j'aurais laissé passer si j'avais refusé de porter ma croix !

6. Une croix crée un groupe exceptionnel de personnes.

Qui s'est donné lui-même pour nous, afin de nous racheter de toute iniquité, et de se faire un peuple qui

lui appartienne, purifié par lui et zélé pour les bonnes œuvres.

Tite 2 : 14

Grâce à la croix de Jésus-Christ un groupe de personnes exceptionnel, assidu aux bonnes œuvres, a été envoyé de par le monde. Le monde entier reconnaît la présence de ces personnes exceptionnelles, zélées pour les bonnes œuvres. Partout dans le monde, les chrétiens vont prêcher, enseigner, soigner, et font preuve de compassion envers les pauvres, les aveugles, les personnes dénudées, les malades et les affamés. Par le sacrifice de Jésus, ce groupe de personnes exceptionnelles emplies de zèle a été envoyé de par le monde.

Si vous aussi portez votre croix, vous créerez un groupe exceptionnel de personnes emplies de zèle pour les bonnes œuvres. Une personne qui donne sa vie inspire les autres à faire de même. Cela a un effet domino et tout le monde veut être le prochain.

À l'époque où l'Europe envoyait des missionnaires en Afrique, il y avait des jeunes hommes et femmes prêts à quitter leur vie en Europe et à venir mourir de la malaria en Afrique occidentale. Bien que plusieurs d'entre eux aient péri, d'autres continuèrent à y aller. Les missionnaires débarquèrent par vague sur les côtes d'Afrique noire pour apporter l'évangile de Jésus-Christ. Le coût n'avait plus d'importance. Que la mort soit au bout du voyage ou pas, ils étaient prêts. Ils voulaient y aller.

En réponse à un capitaine de navire qui essayait de dissuader un missionnaire d'aller chez les cannibales des Iles Fidji, le missionnaire dit, « Nous sommes morts avant de venir ici ».

Des histoires comme celles-ci, de missionnaires explorant les jungles d'Afrique, rencontrant des indigènes et prêchant à des « sauvages », ont seulement inspiré plus de gens à suivre le même chemin.

Mais quand l'ère du sacrifice prit fin, et que la phase de prospérité, de sécurité et de réussite est née, il n'y eut plus de leaders pour inspirer les missionnaires à sacrifier leur vie. Il n'y avait plus personne pour inspirer les autres à devenir des gens extraordinaires, pleins de zèle pour les bonnes œuvres.

Le mouvement missionnaire est mort quand l'idée que de jeunes chrétiens puissent aller dans les parties les plus reculées de la terre sacrifier leur vie pour la cause de l'Évangile devint absurde, invraisemblable et hors de question ! L'exemplarité et le zèle sont des produits de la croix de Jésus Christ. Dès que la croix est jetée hors de l'Église, le zèle se dessèche.

Où est notre zèle ? Où est le groupe exceptionnel de personnes prêtes à faire quelque chose pour Dieu ?

7. Une croix définit les véritables standards de la pratique chrétienne.

Celui qui ne prend pas sa croix, et ne me suit pas, n'est pas digne de moi.
Matthieu 10 : 38

Jésus-Christ n'a jamais revu ses exigences à la baisse pour quiconque désireux de le suivre. La condition est la même pour tout le monde — abandonnez tout et suivez-Moi. Quand le jeune homme riche est venu à Jésus, il n'a pas revu ses exigences à la baisse pour lui. Il lui a donné exactement les mêmes conditions. Il lui a dit, vous devez renoncer à tout et me suivre.

Vous souvenez-vous que ce sont les mêmes conditions qu'il a données à Pierre, Jacques et Jean quand il leur a dit au bord de la mer : Suivez-moi et je vous ferai pêcheurs d'hommes.

Ils ont dû abandonner leurs bateaux de pêche et leur travail de pêcheur pour le suivre. Le jeune homme riche aussi a dû laisser derrière lui ses objets de valeur. C'est la condition que tout le monde doit respecter pour suivre Jésus Christ. La croix fixe des standards de pratique dans le royaume de Dieu. La croix de Jésus-Christ a été le prix et le coût de Son ministère. Votre croix sera le prix et le coût de votre ministère. Vous n'aurez pas droit à un traitement privilégié.

Le prix d'un véritable ministère est la croix et non un diplôme. Certaines personnes ont de grands diplômes, mais ils sont incapables d'avoir un grand ministère ! Le prix pour avoir un ministère réellement puissant n'est pas l'argent, c'est la croix, *votre* croix ! Certaines personnes ont beaucoup d'argent mais elles sont incapables d'avoir un grand ministère !

Le prix pour avoir un vrai ministère n'est pas un bel arbre généalogique. Certaines personnes viennent de familles qui sont bien connues pour leur ministère. Le fait que votre père était un célèbre ministre de l'Évangile ne veut pas dire que *vous* accomplirez un grand ministère. Le prix que votre père a payé sera le prix que vous devrez aussi payer. Le prix d'un véritable ministère est toujours la croix. La croix est la norme établie pour tous les ministères et pour servir Dieu.

8. Vous devez vous charger de votre croix, car elle détruit la puissance de la mort.

Ainsi donc, puisque les enfants participent au sang et à la chair, il y a également participé lui-même, afin que, PAR LA MORT, IL ANÉANTIT CELUI QUI A LA PUISSANCE DE LA MORT, c'est-à-dire le diable, et qu'il délivrât tous ceux qui, par crainte de la mort, étaient toute leur vie retenus dans la servitude.

Hébreux 2 : 14-15

Grâce à la croix de Jésus-Christ, la mort a été vaincue. Jésus avança sans relâche vers son rendez-vous avec le Calvaire. Il fut sans peur face à la mort. Il montra à Satan qu'Il n'était pas intimidé par les soldats, la douleur ou toute épreuve qui pourrait Lui être infligée. Il se disait, c'est juste une question de temps et je rendrai mon dernier soupir. Bientôt, je ne souffrirai plus cette torture. Je serai dans la gloire avec Mon Père.

Sa bravoure détruisit les défenses de l'ennemi et élimina pour toujours la peur de la mort !

Ceux qui ont peur du sacrifice sont contrôlés par la peur de la mort. Ceux qui ont peur de la mort sur la croix vivent leur vie en cherchant constamment à se protéger et à se créer des environnements sécurisants.

Ces personnes doivent vivre dans les pays où il n'y a pas de dangers. Elles doivent toujours manger les bons aliments et boire le bon type d'eau afin d'assurer leur longévité.

Elles n'osent pas mettre le pied dans un camp de missionnaire ou dans un champ de récolte car elles ont peur de boire de l'eau contaminée. Leur ministère tout entier est dirigé et remodelé par la peur de la mort.

Aujourd'hui, une grande partie de l'Église reste à l'écart de la volonté parfaite de Dieu. Ils se construisent une carapace et gardent bien de s'aventurer dans les champs de récolte « sauvages » et « dangereux » du monde.

Est-ce sans danger ? vous demandent-ils lorsque vous les invitez à venir prêcher aux âmes affamées ? Aujourd'hui, l'absence de la croix et la domination de l'Église par la peur de la mort ont donné naissance à une multitude de programmes de santé à la télévision chrétienne.

Toutes sortes de capsules et de vitamines sont vendues à la population chrétienne, soucieuse de sa santé et de sa sécurité et qui souhaite vivre éternellement sur cette terre et n'est plus consciente du ciel, de l'éternité et du jugement.

La peur de la mort a également résulté en une foule d'émissions de télévision. Beaucoup d'églises possèdent un nombre sans cesse croissant de chaînes qui diffusent leurs programmes.

Serait-ce que ces programmes sont devenus un substitut commode aux camps de missionnaires ou aux champs de récolte ? Vous pouvez toucher plus de gens à travers la télévision, disent-ils. Nous touchons 160 millions de personnes avec ce programme, disent-ils.

Pendant ce temps, une multitude d'âmes pauvres, affamées et désespérées, qui n'ont ni électricité, ni télévision, attendent avec impatience l'arrivée des missionnaires et des évangélistes.

Mais les missionnaires et évangélistes potentiels sont désormais très conscients de leur santé, de leur vie et de leur sécurité personnelle. Et ils n'iront pas ! Comme c'est triste que les plus grands exemples du christianisme actuel aient mis de côté la croix de Jésus-Christ et nous montrent une version affaiblie et impuissante de la vraie foi.

Il est temps de se charger à nouveau de la croix et de montrer un courage renouvelé face à la mort. La croix de Jésus-Christ a démontré Son courage face à la mort et Sa volonté d'obéir à Dieu et d'accomplir Sa vocation. Votre croix démontrera votre courage face à la mort et montrera à quel point vous voulez accomplir ce pour quoi Dieu vous appelle.

9. Une croix éradique la malédiction méritée par les rebelles.

Christ nous a rachetés de la malédiction de la loi, étant devenu malédiction pour nous : car il est écrit : Maudit est quiconque est pendu au bois

Galates 3 : 13

Grâce à la croix de Jésus-Christ, la malédiction méritée par la race humaine rebelle est réduite à néant. Dieu l'a brisée pour nous avec Sa puissance et Son amour. Cet amour de Dieu est venu à nous par le grand sacrifice que Jésus a fait pour nous.

Lorsque vous vous chargez de votre croix et déposez votre vie entre les mains de Dieu, des personnes rebelles et maudites recevront l'amour de Dieu et la puissance de Dieu. Ne sous-estimez jamais la puissance du sacrifice de votre vie.

J'ai parlé à un jeune homme en pleurs qui était reconnaissant que je lui aie envoyé un missionnaire sur une île isolée d'Afrique. Il décrivit comment il se serait sinon égaré, adorant des idoles et suivant les folles traditions démoniaques de son île. Je l'ai écouté et j'étais reconnaissant aux jeunes gens qui s'étaient portés volontaires pour se rendre en mission dans cette île pauvre d'Afrique.

Vous ne devez jamais sous-estimer la puissance de votre croix. Elle est en mesure de briser la malédiction et de libérer les rebelles des malédictions qui les accablent.

10. Une croix démontre un grand amour.

À peine mourrait-on pour un juste; quelqu'un peut-être mourrait-il pour un homme de bien. Mais Dieu prouve son amour envers nous, en ce que, lorsque nous étions encore pécheurs, Christ est mort pour nous.

Romains 5 : 7-8

Dans nos tribunaux, tout le monde s'attend à ce que le meurtrier plaide « non coupable ». Personne n'est jamais coupable et personne n'a jamais commis de crime. On me dit que la première chose à laquelle vous devez vous habituer lorsque vous travaillez dans une prison, c'est le fait que chaque prisonnier clame son innocence et a une longue histoire sur le fait qu'il n'a pas commis les crimes pour lesquels il a été reconnu coupable.

« Je t'aime », disent-ils, mais personne ne les croit plus. La race humaine cynique et endurcie ne croit plus beaucoup en l'amour et en la paix.

Un registre officiel est signé à chaque mariage parce que personne ne croit dans les promesses que le couple se fait l'un à l'autre. Souvent, c'est un spectacle vide de tout sens.

Les politiciens agitent leurs mains et disent : « Nous vous aimons et que Dieu vous bénisse ». Mais tout le monde sait que ce n'est pas vrai.

« Vous ne nous aimez pas, vous voulez juste nos votes », se dit-on.

Vous ne pouvez pas les en blâmer.

Si vous avez vécu suffisamment longtemps, vous savez que les hommes disent rarement la vérité.

Pourquoi Jésus est mort sur la croix

C'est pourquoi Jésus-Christ ne s'est pas contenté de nous dire qu'il nous aimait. Il est mort sur une croix pour nous. Beaucoup de gens affirment avoir de l'amour pour les autres. Mais Jésus-Christ glorifia Son amour pour nous, car, alors que nous étions encore des pécheurs, Il est mort sur une croix pour nous.

C'est la différence entre Jésus-Christ et d'autres personnes qui prétendent nous aimer. C'est cet amour et ce sacrifice qui ont gagné le cœur de millions de personnes de par le monde. Deux mille ans ont passé, mais l'histoire de l'amour de Jésus continue à gagner le cœur de millions de personnes. En effet, Dieu a glorifié son amour pour nous par la mort de Jésus-Christ sur la croix.

Peut-être que votre ministère est faible et peu convaincant. Peu de gens réagissent à votre prédication et à vos sermons superbement préparés. Jésus-Christ ne nous a pas gagnés à Lui-même par des doctrines parfaites. *Il a gagné notre cœur par son amour qui a été démontré sur une croix.* Cher ami, une croix possède le grand pouvoir de démontrer un grand amour. Ne reculez pas devant le sacrifice du jeûne, de la prière, de la visite et des conseils donnés aux autres. L'amour que vous démontrez à vos disciples gagnera leur cœur plus efficacement que mille sermons conformes à la doctrine.

11. Une croix dégage une offrande de bonne odeur qui plaît à Dieu.

Et marchez dans la charité, à l'exemple de Christ, qui nous a aimés, et qui s'est livré lui même à Dieu pour nous comme une offrande et un sacrifice de bonne odeur.

Ephésiens 5 : 2

Le sacrifice que Jésus a fait pour nous est devenu une offrande de bonne odeur à l'Éternel. Le cœur de chaque patron est réchauffé par l'employé qui fait de grands sacrifices pour plaire à son maître. Il est facile de voir ceux qui se sont dépassés. Par la croix, Jésus-Christ a ému Son père céleste.

Les beaux sermons de Jésus comme celui du « fils prodigue » et de « l'homme sur la route de Jéricho » n'inspirèrent pas de telles réactions au Père céleste. *C'est le sacrifice de Jésus sur la croix qui a été décrit comme une offrande de bonne odeur.*

Cher frère chrétien, votre sacrifice à Jésus-Christ ne passe jamais inaperçu. Il appellera une réponse puissante de votre Père céleste.

Ce dont vous avez besoin, c'est la croix !

La croix fait toute la différence entre un ministère impuissant et un ministère puissant.

Une croix fait toute la différence entre un ministère qui a une bonne odeur pour Dieu et celui qui est nauséabond !

12. Une croix réconcilie les gens avec Dieu.

Car si, lorsque nous étions ennemis, nous avons été RÉCONCILIÉS AVEC DIEU PAR LA MORT de son Fils, à plus forte raison, étant réconciliés, serons-nous sauvés par sa vie.

Romains 5 : 10

Grâce à la croix de Jésus-Christ, de nombreuses personnes se sont rapprochées de Dieu. Les gens ont été réconciliés avec Dieu grâce à la croix. Ils n'ont pas été réconciliés avec le Seigneur grâce aux bons sermons de Jésus-Christ.

Il est de notre devoir d'amener les gens à Dieu.

Le monde entier vit dans la barbarie et la plupart des hommes vivent loin de Dieu.

À moins que nous aussi portions notre croix et devenions évangélistes et missionnaires, les gens n'entendront pas l'Évangile comme ils le devraient. Aujourd'hui, beaucoup d'âmes périssent et vont en enfer. Des milliers de personnes vont en enfer chaque minute. Mais ils ne vont pas en enfer parce que Jésus n'a pas porté Sa croix. Les gens vont en enfer maintenant parce que nous ne portons pas notre croix.

Christ a fait Sa part. Lisez vous-même. « Christ aussi a souffert une fois pour les péchés, *lui juste* pour *des injustes*, afin de nous amener à Dieu, ayant été mis à mort quant à la chair, » (1 Pierre 3 : 18).

C'est à notre tour de faire quelque chose. Si nous portons notre croix, beaucoup seront sauvés. Beaucoup seront guéris ! La croix de Jésus Christ travaille avec la nôtre pour apporter le salut et l'unité dans le monde.

13. Une croix apporte la vraie vie.

En effet, si nous avons été unis à Lui par une mort semblable à la Sienne, nous serons également unis à Lui par une résurrection semblable à la Sienne.

**Romains 6 : 5
(la Bible en français courant)**

Cette parole est certaine : Si nous sommes morts avec lui, nous vivrons aussi avec lui;

2 Timothée 2 : 11

Contrairement à toute attente, la croix de Jésus Christ, qui semble promettre la mort, apporte en fait la vie. Après que la croix eut apporté la mort à Jésus Christ, il fut ressuscité, dans la vie réelle et permanente que nous recherchons tous.

Le seul chemin vers cette vie est la mort. La porte la plus sombre mène à la gloire la plus éclatante. N'ayez pas peur de la porte sombre qui se présente à vous. Tout comme Jésus a commencé une nouvelle vie ressuscitée par la croix, vous entrerez également dans une nouvelle phase de votre ministère si vous payez le prix que Dieu attend de vous.

14. Porter votre croix peut vous ouvrir les portes d'un ministère mondial.

Or, il ne dit pas cela de lui-même; mais étant souverain sacrificateur cette année-là, il prophétisa que JÉSUS DEVAIT MOURIR POUR LA NATION. Et ce n'était

pas pour la nation seulement; c'était aussi afin de **RÉUNIR EN UN SEUL CORPS les enfants de Dieu dispersés.**

Jean 11 : 51-52

J'ai encore **d'autres brebis, qui ne sont pas de cette bergerie; celles-là, il faut que je les amène;** elles entendront ma voix, et il y aura un seul troupeau, un seul berger.

Jean 10 : 16

Jésus Christ a un ministère mondial, éternel et très influent qui change encore des millions de vies, des années après qu'Il ait marché sur cette terre. Personne n'a jamais égalé cette influence. *Le secret du ministère mondial de Jésus est Sa mort sur une croix !*

Parfois, Dieu élève des gens comme John Wesley, qui semblent avoir un impact mondial longtemps après leur mort. La plupart des gens ont des ministères locaux ou régionaux. Peu de personnes ont des ministères nationaux et encore moins des ministères internationaux. Il n'y a rien de mal à désirer un ministère mondial comme celui de certains grands hommes. Mais ces choses ne sont pas données sur un plateau d'argent. Ils ont payé un prix pour toute forme d'influence mondiale qu'ils peuvent avoir.

Aujourd'hui, vous pouvez avoir un ministère mondial. Ce ministère aura le même prix que celui que Jésus-Christ a payé pour Sa vocation.

Dieu veut élever beaucoup de personnes et leur donner une influence d'envergure internationale, des églises dans le monde entier et des mouvements mondiaux. Le secret de ce ministère touchant le monde entier est la croix !

Une croix peut donner naissance à un ministère mondial !

Croyez en la puissance de la croix !

15. Une croix peut délivrer de nombreuses personnes du châtiment.

De même Christ, qui s'est offert une seule fois pour porter les péchés de plusieurs, apparaîtra sans péché une seconde fois à ceux qui l'attendent pour leur salut.

Hébreux 9 : 28

Grâce à la croix de Jésus-Christ, des multitudes sont délivrées de la punition qu'elles méritent. Le sang de Jésus, qui a été versé sur le Calvaire est la clé du salut et de la miséricorde pour le monde entier.

Aujourd'hui, nos croix sont allongées sur le sol, attendant d'être ramassées. Si nous le faisons, cette grande miséricorde et cet amour montrés par le Père s'étendront au monde entier. Si nous ne parvenons pas à nous charger de nos croix, le salut sera limité dans les villes et les zones de bien-être du monde.

16. Une croix apportera gloire et honneur.

Mais celui qui a été abaissé pour un peu de temps au-dessous des anges, Jésus, nous le voyons couronné de gloire et d'honneur à cause de la mort qu'il a soufferte, afin que, par la grâce de Dieu, il souffrît la mort pour tous.

Hébreux 2 : 9

Mais s'est dépouillé lui-même, en prenant une forme de serviteur, en devenant semblable aux hommes ; [...] C'est pourquoi aussi Dieu l'a souverainement élevé, et lui a donné le nom qui est au-dessus de tout nom,

Philippiens 2 : 7-9

Ces écritures de toute beauté montrent que la gloire et l'honneur sont venus à Jésus Christ pour la *même* raison. Il avait porté Sa croix !

Jésus-Christ a été couronné de gloire et d'honneur, comme vous serez couronné de gloire et d'honneur, si vous portez *votre* croix.

Jésus-Christ n'a pas été couronné de gloire et d'honneur, car Il a voyagé du nord au sud d'Israël.

Il n'a pas été couronné de gloire et d'honneur parce qu'il a prêché dans de nombreuses synagogues.

Il n'a pas été couronné de gloire et d'honneur parce qu'Il a franchi la Mer de Galilée pour prêcher.

Il a été couronné de gloire et d'honneur en raison de la *souffrance de la mort.*

L'agneau qui a été digne de recevoir l'honneur est *l'agneau qui a été immolé.* L'agneau qui paissait tranquillement dans les pâturages n'a pas obtenu autant de gloire et d'honneur.

C'est *l'agneau qui a été immolé* qui a reçu gloire et honneur.

« L'agneau qui a été immolé est digne de recevoir la puissance, la richesse, la sagesse, la force, l'honneur, la gloire, et la louange. » (Apocalypse 5 : 12).

Jésus-Christ s'est humilié, se dépouillant lui-même et mourant humblement et discrètement sur une croix. Pour cette raison, Dieu L'a souverainement élevé.

Vous êtes-vous jamais demandé pourquoi Dieu ne vous élève pas souverainement ? Il est important pour vous de vous humilier, de vous dépouiller et de porter votre croix. Je vous vois être élevé dans le ministère si vous portez *votre* croix.

17. Une croix vous permet de recevoir puissance, richesse, force, sagesse, honneur, gloire et bénédiction.

Ils disaient d'une voix forte : L'agneau qui a été immolé est digne de recevoir la puissance, la richesse, la sagesse, la force, l'honneur, la gloire, et la louange.

Apocalypse 5 : 12

Voici la grande surprise ! Par la croix de l'humiliation, de la douleur, de la souffrance, de la perte et de la mort vient exactement le contraire de ce à quoi nous nous attendions tous : Puissance, richesse, gloire, force, honneur et bénédiction.

N'est-il pas étonnant que quiconque perd sa vie la gagne et quiconque garde sa vie la perd ?

Ne soyez pas surpris si vous devenez riche et puissant après avoir renoncé à tout pour le Seigneur.

Une fois, j'étais dans un pays étranger avec un missionnaire qui avait tout abandonné pour venir en mission.

Il m'a dit en privé, « Je suis devenu plus riche que quand j'étais un homme d'affaires prospère. »

« Vraiment, » répondis-je.

« Oui » a-t-il poursuivi. « Pouvez-vous croire que ma richesse a augmenté dans cette partie du monde où sévit la misère ?

Je pensais que je perdrais tout mais cela ce n'est pas ce qui s'est passé. »

Initialement, il avait rejeté l'idée de devenir missionnaire et avait même fui cette opportunité. Finalement, il avait tout abandonné au Seigneur et s'était donné lui-même à la mission.

Étonnamment, cette écriture avait été accomplie dans sa vie : en mourant à lui-même, il avait reçu pouvoir, richesse, sagesse, force, honneur et gloire !

Au lieu de passer votre vie à rechercher la richesse, la gloire et la puissance, cherchez à porter la croix de Jésus Christ. Courir après l'argent dans cette vie ne fera que vous mener vers de nombreuses tentations, des pièges, des désirs insensés et nuisibles et des erreurs.

Choisissez la voie du Maître.

La voie du maître est la voie de la croix.

Il est temps pour vous de porter *votre* croix !

Les livres de Dag Heward-Mills

1. Loyauté et déloyauté
2. Loyauté et déloyauté - Ceux qui vous accuse
3. Loyauté et déloyauté - Ceux qui sont des fils dangereux
4. Loyauté et déloyauté - Ceux qui sont ignorant
5. Loyauté et déloyauté - Ceux qui oublient
6. Loyauté et déloyauté - Ceux qui vous quittent
7. Loyauté et déloyauté - Ceux qui prétendent
8. La croissance de l'Eglise
9. L'implantation de l'Eglise
10. La méga église (2ème Edition)
11. Recevoir l'onction
12. Etapes menant à l'onction
13. Les douces influences de l'onction
14. Amplifiez votre ministère par les miracles et les manifestations du Saint Esprit
15. Transformer votre ministère pastoral
16. L'art d'être berger
17. L'art de leadership (3ème Edition)
18. L'art de suivre
19. L'art de ministère
20. L'art d'entendre (2ème Edition)
21. Perdre, Souffrir, Sacrifier et Mourir
22. Ce que signifie devenir berger
23. Les dix principales erreurs que font les pasteurs
24. Car on donnera à celui qui a et à celui qui n'a pas on ôtera même ce qu'il a
25. Pourquoi les chrétiens qui ne paient pas la dime deviennent pauvres et comment les chrétiens qui paient la dime peuvent devenir riches.
26. La puissance du sang
27. Anagkazo
28. Dites-leur
29. Comment naître de nouveau et éviter l'enfer
30. Nombreux sont appelés
31. Dangers spirituels
32. La Rétrogradation
33. Nommez-le! Réclamez-le ! Prenez-le !
34. Les démons et comment les affronter
35. Comment prier
36. Formule pour l'humilité
37. Ma fille, tu peux y arriver
38. Comprendre le temps de recueillement
39. Ethique ministérielle (2ème Edition)
40. Laikos

Obtenez votre copie en ligne aujourd'hui à *www.daghewardmills.fr*

Facebook: Dag Heward-Mills
Twitter: EvangelistDag

www.ingramcontent.com/pod-product-compliance
Lightning Source LLC
Chambersburg PA
CBHW060755050426
42449CB00008B/1410